Walter Benjamin

Sobre o conceito de História

CONSELHO EDITORIAL

Ana Paula Torres Megiani
Eunice Ostrensky
Haroldo Ceravolo Sereza
Joana Monteleone
Maria Luiza Ferreira de Oliveira
Ruy Braga

Walter Benjamin

Sobre o conceito de História

Edição crítica

Organização e tradução:
Adalberto Müller
Márcio Seligmann-Silva

Notas:
Márcio Seligmann-Silva

Copyright © 2020 Alameda Casa Editorial

Grafia atualizada segundo o Acordo Ortográfico da Língua Portuguesa de 1990, que entrou em vigor no Brasil em 2009.

Edição: Haroldo Ceravolo Sereza

Editora assistente: Danielly de Jesus Teles

Projeto gráfico, diagramação e capa: Danielly de Jesus Teles

Assistente acadêmica: Tamara Santos

Revisão: Alexandra Colontini

Imagem da capa: © Yuri Dojc (*Mikvah, Bardejov* - 2007).

Cortesia do "Last Folio Project" - Yuri Dojc & Katya Krausova

---

CIP-BRASIL. CATALOGAÇÃO NA PUBLICAÇÃO
SINDICATO NACIONAL DOS EDITORES DE LIVROS, RJ

B416s

Benjamin, Walter, 1892-1940
    Sobre o conceito de história / Walter Benjamin ; organização e tradução Adalberto Müller, Márcio Seligmann-Silva. - 1. ed. - São Paulo : Alameda, 2020.
    208 p. ; 21 cm.

Tradução de: Über den Begriff der Geschichte
    ISBN 978-65-86081-50-3

    1. Benjamin, Walter, 1892-1940 - Crítica e interpretação. 2. História - Filosofia. I. Müller, Adalberto. II. Seligmann-Silva, Márcio. III. Título.

20-65606
                     CDD: 901
                     CDU: 930.1

ALAMEDA CASA EDITORIAL

Rua 13 de Maio, 353 – Bela Vista

CEP 01327-000 – São Paulo, SP

Tel. (11) 3012-2403

www.alamedaeditorial.com.br

Sumário

Siglas utilizadas	7
Apresentação: Sobre o Conceito de História de Walter Benjamin	9
M HA <Sobre o conceito de História – O manuscrito Hannah Arendt>	29
T1 <Sobre o conceito de História – Cópia pessoal de Benjamin>	65
M FR <Teses sobre o conceito de História – Versão francesa>	91
T4 <Reflexões Histórico Filosóficas / De Walter Benjamin – Transcrição Póstuma>	111
T5 <Título e dedicatória da Edição comemorativa de 1942>	131
Manuscritos: Esboços e versões	133

Siglas utilizadas

| | Trechos ou palavras incluídos por Walter Benjamin nas entrelinhas

< > Intervenções e acréscimos do editor Gérard Raulet

<< >> Intervenções e acréscimos dos tradutores

<x> Letras incompreensíveis no manuscrito

<X> Palavras incompreensíveis no manuscrito

[ ] Chaves introduzidas pelo próprio Benjamin

~~Abcde~~ Trechos rasurados pelo próprio Benjamin linha a linha

{ } Trechos cortados pelo próprio Benjamin com linhas diagonais

M1 - M64 Número dos fragmentos que compõem os "Manuscritos: Esboços e Versões"

T1 - T4 Versões datilografadas das teses "Sobre o conceito de História", sendo que T1 e T4 encontram-se traduzidas neste volume

M HA e M FR Versões manuscritas das teses "Sobre o conceito de História", sendo que ambas encontram-se traduzidas neste volume

Apresentação
Sobre o Conceito de
História de Walter Benjamin

"É necessária uma teoria da história, a partir da qual se possa encarar o fascismo".

Walter Benjamin, M 35[1]

Poucos textos na história do século XX, sobretudo quando levamos em conta os textos filosóficos e de teoria, tiveram um nascimento tão conturbado e marcado pelos acontecimentos históricos como as teses "Sobre o conceito de história" de Walter Benjamin. O fato de um acúmulo inaudito de perseguição e violência ter se concentrado sobre uma pessoa que também era um dos pensadores mais criativos e revolucionários daquela época não poderia ficar sem consequências.

Isso, evidentemente, se algum testemunho desse personagem histórico conseguisse chegar até nós. Nada estava garantido. Com a invasão da Polônia em 1 de setembro de 1939 e a rápida conquista de boa parte da Europa ociden-

---

1   Aqui nesta apresentação e ao longo das teses remeto aos fragmentos dos "Manuscritos: esboços e versões" aqui traduzidos neste volume utilizando a numeração empregada por Gérard Raulet, editor do volume *Über den Begriff der Geschichte. Werke und Nachlaß. Kritische Gesamtausgabe*, Frankfurt. A. M.: Suhrkamp, vol. 19, 2010. (Nesta apresentação nos referiremos a essa edição com a abreviação WN.) Esta edição brasileira se baseia nessa edição de 2010. Para um resumo das siglas utilizadas neste volume, remeto o leitor ao item "Siglas utilizadas".

tal, Benjamin, exilado em Paris desde 1933, sentiu que sua vida estava em perigo. Na qualidade de estrangeiro em tempos de guerra, ele foi internado no campo francês de trabalhadores voluntários Clos-Saint-Joseph, em Nevers, em setembro de 1939, onde ficou até novembro. Saindo de lá (graças à ajuda de intelectuais amigos, como Adrienne Monnier e Jules Romains), ele retorna a Paris e lá fica entre novembro de 1939 e junho do ano seguinte. Desde seu retorno a Paris ele retornara também ao seu trabalho sobre Baudelaire e é nesse contexto que redige, com mais vigor, entre o inverno e a primavera europeus de 1940, as suas teses "Sobre o conceito de história". Nesse interim ele lutava para conseguir verbas do Instituto de Pesquisas Sociais, dirigido por Max Horkheimer, com apoio de seu colega Theodor Adorno, verbas para sobreviver em Paris e para obter passagem e visto para poder fugir para os Estados Unidos da América, onde seus companheiros de Instituto já haviam se refugiado. De junho a agosto de 1940 ele ficou, com sua irmã Dora, em Lourdes, onde desfrutou também da companhia de Hannah Arendt, sua prima por afinidade (esposa de Günther Stern, primo de Benjamin, cujo nome de pena foi Günther Anders). Na segunda metade de agosto ele segue para Marseille, onde se dirige ao Consulado Americano e obtém o seu visto. O final da história é conhecido: na passagem do dia 25 para o 26 de setembro de 1940, na tentativa de cruzar a fronteira entre a França e a Espanha, em direção a Lisboa, o grupo ao qual Benjamin havia se agregado, que havia atravessado a pé por uma trilha nos Pirineus, foi barrado. Não passaram a fronteira por falta de um visto de saída da França, visto

Sobre o conceito de História 11

impossível de se obter então na condição de estrangeiro. Nessa mesma noite, em Portbou, Benjamin decidiu acabar com a sua vida tomando uma dose de morfina. Na manhã do dia seguinte ele faleceu.

Seu testemunho e testamento desse período terrível são as suas teses. Do fundo do abismo ele enviou a nós um "texto na garrafa", que temos a obrigação ética de receber, traduzir e ler: de tentar decifrar a sua mensagem arremessada ao futuro. Não tenhamos dúvidas: Benjamin fala diretamente conosco. Existe um túnel curto que nos conecta a seu tempo de fascismos e necropolítica. Sua "atualidade" é absoluta. Para Benjamin, como veremos: é atual não quem marca passo com o seu tempo, mas aquele capaz de estabelecer curtos-circuitos com outras épocas. (Cf. M 22) Essas teses são, portanto, como o próprio Benjamin escreve nelas, um exemplo eloquente quanto ao fato de que: "Não há um documento da cultura que não seja ao mesmo tempo um documento da barbárie." (Tese VII de T1, T2. T3 e T4) Ler essas versões das teses que sobreviveram, incluindo uma série preciosa de esboços e de fragmentos que também chegaram até nós e reunimos aqui neste volume, implica mergulhar de cabeça no turbilhão histórico de onde elas nasceram. Mas essa relação umbilical entre essas teses e o horror que lhes deram origem não implica falta de rigor filosófico. Pelo contrário, em meio ao caos das terríveis circunstâncias que vivia, esse pensador conseguiu armar, em uma de suas poderosas imagens produzidas aqui, a "ampla estrutura de aço de uma teoria". (M 9) É claro que a sua visão de história como catástrofe tem uma relação necessária com o momento que lhe deu nascimento. Mas isso não em detrimento da visão acurada: pelo contrário, foi do fundo das consequências mais brutais do desdobramento histórico no século XX que Benjamin pôde registar um instantâneo da face de Medusa da Modernidade. Ele produz uma reviravolta "copernicana" no saber histórico que permite até os dias de hoje pensarmos criticamente a história. Como lemos no *Passagens*:

> A revolução copernicana na visão histórica é a seguinte: considerava-se como o ponto fixo "o ocorrido" e conferia-se ao presente o esforço de se aproximar, tateante, do conhecimento desse ponto fixo. Agora esta relação deve ser invertida, e o ocorrido, torna-se a reviravolta dialética, o irromper [*Einfall*] da consciência desperta. Atribui-se à política o primado sobre a história. Os fatos tornam-se algo que acaba de nos tocar e fixá-los é a tarefa da recordação. E, de fato, o despertar é o caso exemplar da recordação: o caso no qual conseguimos recordar aquilo que é mais próximo, mais banal, mais ao nosso alcance. [...] Existe um saber ainda-não-consciente do ocorrido, cuja promoção tem a estrutura do despertar.[2]

Devemos despertar do sonho do Iluminismo, do sonho do Colonialismo, despertar para a realidade que está ao alcance de nossas mãos e teimamos em não ver. Despertar também para a nossa proximidade com passados cuja afinidade eletiva com o nosso agora permite es-

---

2 W. Benjamin, *Passagens*. Willi Bolle e Olgária Matos (Org.). Trad.: Cleonice Paes Barreto Mourão e Irene Aron. São Paulo: Editora UFMG e Imprensa Oficial do Estado de São Paulo, 2006, p. 433-434 (K 1, 2). Quanto ao conceito de *Einfall* cf. M 4 e sua nota a esse termo.

Sobre o conceito de História 13

truturar um novo "espaço de imagem", *Bildraum* (cf. M 43 e nota), que estará na origem de uma nova consciência e atitude diante do mundo. Ao invés do modelo do pesquisador detetive do passado, temos o do investigador que se recorda de modo ativo, promovendo o encontro transformador com o ocorrido. Todo o pensamento decolonial, para ficarmos em um exemplo próximo e atual, pode se estear nessas teses como uma poderosa base de estrutura metodológica. Afinal, a violência colonial e a violência sofrida por Benjamin não são tão estrangeiras assim: ambas emanam do mesmo projeto de razão e econômico. Benjamin era perseguido pelo nazismo por ser de esquerda e por seu judeu. A pinça da violência colonial na África, no Atlântico e em todo o mundo que sofreu a violência colonizadora tinha como uma de suas pernas o interesse econômico que era agarrado graças à outra perna, a do racismo. Como escreve Achille Mbembe: "Permanecerá inacabada a crítica da modernidade, enquanto não compreendermos que o seu advento coincide com o surgir do *princípio de raça* e com a lenta transformação deste princípio em paradigma principal, ontem como hoje, para as técnicas de dominação."[3] Mbembe vai repensar a modernidade a partir do ponto de vista dessa violência colonial e racial. Ele propõe a tarefa de se escrever novamente a história do ponto de vista dessa tentativa de apagamento da identidade e da história negras que deve ser reverti-

---

3   Achille Mbembe, *Crítica da Razão negra*, tradução Marta Lança, Lisboa: Antígona Editores Refractários, 2ª edição, 2017, p. 102.

da. Trata-se de "restituir os Negros à sua história".[4] Nada mais benjaminiano.

É verdade que Benjamin já vinha desenvolvendo o seu olhar crítico para a política, incluindo a socialdemocracia e seu jogo cada vez mais próximo das táticas da burguesia, mas especialmente para o fascismo, como formulação mais acabada da política associada ao modo de produção capitalista, desde antes de 1940, como lemos em seu ensaio *A obra de arte na era de sua reprodutibilidade técnica* (1936) ou em "Eduard Fuchs, o colecionador e o historiador" (1937). O mesmo vale para as suas reflexões que remontam a 1929, apresentadas por exemplo em seu ensaio "O surrealismo. O último instantâneo da inteligência europeia", sobre a necessidade de se construir um novo "espaço de imagem", na luta contra a moralização barata da política, que culminou no triunfo do fascismo. Em vários artigos dos anos 1930 Benjamin procurou pensar maneiras de resistência ao fascismo e meios de fortalecer a luta revolucionária. Mas não resta dúvida de que seu último trabalho, as suas teses "Sobre o conceito de história", apresentam de modo concentrado a sua visão de história e de um novo sentido da luta política.

Benjamin atribuía um valor enorme a essas teses, mas, ao mesmo tempo, não pretendia publicá-las do modo que se encontravam. Em 7 de maio de 1940 ele escreve a Adorno anunciando o envio de "alguns fragmentos" que "apresentam uma certa etapa das minhas reflexões que dão continuidade ao 'Baudelaire'". (WN p. 191) O fato de ter realizado uma tradução ao francês de suas teses mos-

---

4   Id., p. 59.

Sobre o conceito de História   15

tra, no entanto, que ele planejava chegar a um ponto em que poderia sim publicar essas teses. Ou simplesmente ele se "traduziu" para poder enviar as teses pelo correio em uma época que era quase proibitivo enviar textos em outras línguas? Por outro lado, ele fez uma versão censurada em alemão com essa intenção, segundo a sua irmã Dora Benjamin, e na versão em francês ele não procurou censurar as partes mais "revolucionárias". De qualquer modo, nas suas cartas e em conversas com amigos ele expressou a necessidade de fazer uma reflexão ao mesmo tempo de crítica epistêmica e de cunho de revisão da concepção tradicional da história, no contexto de seus trabalhos sobre Baudelaire e sobre as passagens de Paris. É sobretudo a partir de 1937, ou seja, o ano da publicação do ensaio sobre Fuchs, que Benjamin se concentra progressivamente na ideia de redigir essas teses, que nascem, de modo claro, em meio aos fragmentos do *Passagens*, sendo que a similaridade das teses com muitos dos fragmentos do arquivo N de *Passagens* é evidente. (WN 190) Em uma carta a seu amigo Gershon Scholem de 20 de janeiro de 1930, no entanto, ele já anunciava essa necessidade: "O que para mim, hoje, parece ser algo absolutamente necessário, é que para este livro [das *Passagens*], da mesma forma que aconteceu com o livro sobre o drama barroco alemão,[5] eu não poderei abrir mão de uma introdução que trabalhe sobre a teoria do conhecimento – e, desta vez, sobretudo uma teoria do conhecimento histórico." (WN p. 189) Em 31 de maio de 1935, desta vez em uma carta a Adorno, no momento

---

5   Cf. *Origem do drama trágico alemão*, tradução João Barrento, Belo Horizonte: Autêntica, 2011.

em que escrevia o "Paris, capital do século XIX" e atingia, assim, uma nova etapa em seu trabalho das *Passagens*, ele retoma essa ordem de ideias, reforçando o paralelo entre a apresentação de crítica da teoria do conhecimento de seu ensaio sobre o barroco e o livro sobre as passagens.

Em 22 de fevereiro de 1940 ele comunica a Max Horkheimer: "Acabo de concluir um certo número de teses sobre o conceito de história." (WN p. 310) E na mesma carta ele localiza ainda essas teses em relação a seus trabalhos da época: "Essas teses conectam-se, por um lado, às concepções que foram esboçadas no capítulo I do 'Fuchs" [o seu mencionado artigo de 1937 sobre esse colecionador]. Elas devem, por outro lado, servir como armadura teórica para o segundo ensaio sobre Baudelaire. Elas constituem uma primeira tentativa de fixar um aspecto da história que deve estabelecer uma cisão irremediável entre o nosso modo de ver e as sobrevivências do positivismo [...]. O caráter um tanto tosco que dei a essas teses me dissuade de comunicá-las ao senhor como se encontram agora." (WN p. 310) Ele ainda comenta que ele redigiu essas teses a partir de uma "demanda vívida" imposta "pelos problemas teóricos que a situação mundial nos propõe de modo inelutável." (WN p. 310) Ou seja, essas teses novamente são derivadas pelo seu próprio autor de modo direto das demandas de seu tempo. Essa exigência temporal fez com que ele adiasse o projeto de trabalho que ele havia prometido a Horkheimer acerca das escritas autobiográficas de as *Confessions* de Rousseau e do *Journal 1889-1939* de Gide. (WN p. 311) Em maio ele escreve a sua amiga e confidente Gretel Adorno, referindo-se a uma conversa que

Sobre o conceito de História 17

tiveram antes na qual o tema teria surgido. Trata-se de um documento fundamental para entendermos o local que Benjamin atribuía em sua obra a essas teses:

> A guerra e a constelação trazida por ela levaram-me a deitar alguns pensamentos, dos quais posso dizer que eles estão guardados em mim há vinte anos, sim, a bem da verdade, foram guardados de mim. Também esse é o motivo pelo qual eu mesmo não podia te deixar vislumbrar nada deles. A conversa sob as castanheiras foi uma clareira nesses vinte anos. Ainda hoje te dou eles mais como um buquê de folhas sussurrantes recolhidas por um andarilho pensativo do que como uma coleção de teses. Em mais de um sentido, o texto que você deverá receber é reduzido. Não sei o quanto a sua leitura deverá te surpreender ou, o que não desejaria, se ela produzirá um equívoco. De qualquer maneira, gostaria sobretudo chamar a sua atenção para a 17ª reflexão. Ela é aquela que deveria te deixar perceber o nexo fundamental dessas observações com os meus trabalhos anteriores, na medida em que se alinham com o seu método. De resto, essas reflexões servem, visto que possuem um caráter de experimento, não apenas em termos metodológicos, para uma preparação da sequência do "Baudelaire". Elas deixam-me suspeitar de que o problema da recordação [*Erinnerung*] (e do esquecimento), que surge nelas em outro nível, ainda vai me ocupar por muito tempo. Nem preciso te dizer que a última coisa em que penso é em uma publicação dessas anotações, sobretudo na forma que você as receberá. [...] Por estes dias você receberá o manuscrito de "Infância em Berlim em

torno de 1900". Por favor aguarde. E te console como der com ele, se eu segurar ainda um pouco as anunciadas teses. (WN p. 311-312)

A tese de número XVII (das versões T1, T2, T3 e T4) é justamente a que trata do método. É a que afirma que "o fundamento da historiografia materialista [...] é um princípio construtivo. O pensar envolve não apenas o movimento dos pensamentos, mas também a sua suspensão." Nela também confluem reflexão epistemo-crítica e messianismo: "O materialista histórico só e tão somente aborda um objeto histórico quando ele se lhe apresenta enquanto mônada. Nessa estrutura ele reconhece o signo de uma suspensão messiânica do acontecido; dito de outro modo, uma oportunidade revolucionária na luta em favor do passado reprimido." O fato de Benjamin enviar essa carta anunciando as teses junto com o manuscrito da "Infância em Berlim em torno de 1900" também é digno de nota. Em ambos trabalhos ele trata, cada um a seu modo, da recordação e do esquecimento. Afinal, nas teses, apesar de Benjamin não tratar extensivamente do esquecimento, ele menciona uma frase do historiador francês positivista Fustel de Coulanges sobre o tema, para colocar o modelo de pensamento histórico desse pensador como antípoda do materialismo histórico. Fustel de Coulanges teria formulado que: "Si vous voulez revivre une époque, oubliez que vous savez ce qui s'est passé après elle." Ou seja, "Se quiserdes reviver uma época, esquecei tudo que sabeis sobre o que se passou depois dela." (Tese VII de T1, T2, T3 e T4, equivalente à tese XV de M HA) Para Benjamin, esse procedimento equivale ao da empatia e tem no seu cora-

Sobre o conceito de História 19

ção uma identificação com os vencedores. Ele se esquece, torna invisíveis, todos os que são espezinhados pelo cortejo triunfal dos que um dia venceram. O procedimento do materialista histórico lança luz sobre esse outro lado de sombra do astro da história. Já em "Infância em Berlim" lemos: "Talvez o que (...) faça [o esquecido] tão carregado e prenhe não seja outra coisa que o vestígio de hábitos perdidos, nos quais já não poderíamos nos encontrar. Talvez seja a mistura com a poeira de nossas moradas demolidas o segredo que o faz sobreviver."[6] Aqui, de modo bem distinto, o esquecimento é tratado como uma categoria da memória e não como oposto a ela. A ruína, os escombros, surgem como metáfora dessa memória que guarda em si destruição e inscrição mnemônica. Estamos diante de uma releitura benjaminiana do conceito freudiano de trauma. Nas teses, ao recorrer ao conceito proustiano de "mémoire involontaire", memória involuntária, Benjamin também pensa em um tipo de recordação que, por assim dizer, trabalha o e com o esquecimento. (Cf. tese V de M HA e notas, bem como o M 27 e o M 44) O "despertar" como cânone da revolução copernicana do pensamento histórico indica que o trabalho de rememoração se dá na soleira entre o sonho e a vigília.

As várias versões das teses "Sobre o conceito de história" são também um testemunho não só do "caráter de experimento" dessas teses, mas sobretudo da situação histórica em que Benjamin as compôs. Ele fazia cópias e as en-

---

6 *Obras escolhidas II: Rua de mão única.* Trad.: R. R. Torres Filho e J. Barbosa; rev. técnica: Márcio Seligmann-Silva. São Paulo: Brasiliense, 6 ed. rev., 2012, p. 105-106.

20 *Walter Benjamin*

viava a amigos na esperança de salvar o seu último trabalho. Hoje em dia possuímos as seguintes versões das teses:

M HA: Manuscrito que Benjamin deu a Hannah Arendt. Apesar de H. Arendt ter dado uma cópia dessa versão ao Instituto de Pesquisas Sociais em New York, aparentemente essa cópia foi perdida e as edições que foram produzidas pelo Instituto não a levaram em conta. Essa versão foi publicada por Detlev Schöttker e Erdmut Wizisla em 2006[7] e, assim como as demais, encontra-se na edição crítica editada por Gerard Raulet.[8] Trata-se de uma versão muito importante, tanto por ser provavelmente a mais antiga que possuímos, quanto por suas inúmeras variantes e por conter também palavras e frases cortadas, que dão preciosas pistas para a leitura e interpretação das teses. Essa versão consta desta edição.

T1: É a versão datilografada que Benjamin entregou a Georges Bataille, junto com os manuscritos de *Passagens* e do seu trabalho sobre Baudelaire e que foram escondidos em diversos locais da Bibliothèque Nationale de Paris. Em 1945 Bataille passou esses papéis para o amigo de Benjamin Pierre Missac, que em 1947 os entregou para Adorno, em Nova York.

---

7   *Arendt und Benjamin. Texte, Briefe, Dokumente*, org. por Detlev Schöttker e Erdmut Wizisla, Frankfurt a. M.: Suhrkamp, 2006, p. 99-119.

8   *Über den Begriff der Geschichte. Werke und Nachlaß. Kritische Gesamtausgabe*, op. cit., M HA: p. 6-29; T1: 30-44; M FR: 45-68; T2: 69-81; T3: 82-92; T4: 93-106.

Sobre o conceito de História   21

De modo inexplicável, essa versão das teses, no entanto, ficou com Bataille e sua viúva a repassou para Giorgio Agamben apenas em 1981. Trata-se de uma versão muito importante também, a única com uma tese XVIII com ideias totalmente ausente das demais versões. No cabeçalho das teses encontra-se escrito "Handexemplar", ou seja, essa era a "cópia pessoal" de Benjamin, sobre a qual ele trabalhou com inserções e rasuras, bem como ensaiando diversas possibilidades de ordenação das teses. Ela possui também frases que não constam de T2, T3 e T4. Essa versão está incluída neste volume.

M FR: Trata-se de uma versão manuscrita em francês das teses, que não inclui todas elas e que foi redigida pelo próprio Benjamin, possuindo assim o mesmo estatuto das demais versões. Como Benjamin teve que, por assim dizer, recriar as suas teses em outra língua, essa versão é fundamental pois dá muitas pistas sobre o universo conceitual destas teses. Essa versão consta desta edição.

T2: Essa versão datilografada com poucas correções à máquina e algumas à mão foi composta provavelmente em uma máquina francesa, já que não possui o ß alemão. Essa versão serviu de base para a edição das teses realizada por Rolf Tiedemann nos *Gesammelte Schriften*[9] e foi a mais traduzida também, sendo que ela foi complementada pelo T4, uma vez

---

9   *Gesammelte Schriften*, org. por R. Tiedemann e H. Schweppenhäuser, Frankfurt a.M.: Suhrkamp Verlag, vol. I, 1974,

22 Walter Benjamin

que em T2 não se tem as teses finais "A" e "B". Essa versão, já traduzida no Brasil[10], não foi traduzida novamente neste volume.

T3: Essa versão também foi escrita em uma máquina de escrever francesa, provavelmente da irmã de Benjamin, Dora, que testemunhou em uma carta esse fato.[11] Trata-se de uma versão com cortes e

---

p. 691-704. No mesmo volume também a versão francesa foi publicada p. 1260-1266.

10　"Sobre o conceito da história", in: W. Benjamin, *Magia e técnica, arte e política: ensaios sobre literatura e história da cultura*, trad.: Sergio Paulo Rouanet; rev. técnica: Márcio Seligmann-Silva, 8 ed. rev. São Paulo: Brasiliense, 2012, p.241-52.

11　Após receber a publicação realizada em homenagem a Benjamin pelo Instituto de Pesquisas Sociais, com as teses, Dora Benjamin escreveu uma carta a Adorno (22/03/1946): "Fiquei especialmente feliz ao encontrar o último trabalho de Benjamin na *Zeitschrift*, que me parece particularmente importante e o qual eu tinha procurado sem sucesso. Ainda hoje eu tenho na minha memória auditiva o tom, a voz, com a qual Walter me ditou o trabalho – nos últimos tempos em Paris, frequentemente trabalhei como a sua secretária. Tanto quanto eu me recordo, na versão publicada trata-se do trabalho na sua segunda versão. Nós dois concordamos que não poderíamos confiar no correio e enviar o trabalho na sua forma original. As modificações, no entanto, não eram importantes, apenas de natureza formal." (WN p. 340) Dora Benjamin ficou com a parte do espólio de Benjamin que ele não entregara a Bataille e conservara durante os últimos meses de fuga. Em 1941 esse material, que continha as versões T3 e T4 das teses, foi entregue ao Instituto de Pesquisas Sociais em Nova York por meio de um advogado, conhecido de Benjamin e do círculo de Brecht, Martin Domke. (WN 170; cf. também carta de Adorno a Horkheimer de 04/09/1941 sobre seu encontro com Domke em

Sobre o conceito de História   23

alterações de conceitos, cortes esses que poderiam eventualmente viabilizar tanto o envio pelo correio como uma eventual publicação. Ela apresenta pouquíssimas correções. Essa versão não possui a tese XII nem as teses "A" e "B". Na tese VII ao invés da epígrafe com um texto de Brecht, tem-se a epígrafe com o texto de Nietzsche que nas demais versões T1, T2 e T4 consta da tese XII. Aqui a expressão "materialismo histórico" foi substituída por "dialética histórica". Na tese IV, onde nas demais versões consta "lutas de classe", consta aqui "conflito"; "dialético" substituiu "materialista" e várias passagens da tese XI foram cortadas. É importante destacar que apenas essa versão possui o título inserido pelo próprio Benjamin: "Ueber den Begriff der Geschichte" (escrito em uma máquina francesa, sem o trema no "u", "Über"), "Sobre o conceito de história". Como essa versão não acrescenta nada com relação às demais versões aqui publicadas, ela não consta desta edição.

T4: Trata-se de uma versão datilografada que foi realizada já nos Estados Unidos provavelmente a partir de um manuscrito que, no entanto, desapareceu. Ela encontra-se no arquivo Walter Benjamin em duas versões, WBA 756/1 e WBA 757/1, sendo que a primeira leva o título, inserido com a caligrafia de Gretel Adorno, "Über den Begriff der Geschichte", e a outra o título "Geschichtsphilosophischen Thesen" ("Teses histórico-filosóficas") escrito a mão e que foi

---

Nova York e a carta também de Adorno de 19/02/1942 a Gershom Scholem na qual comenta sobre "as duas malas com manuscritos e livros de Walter" que recebera, WN p. 318, 330.)

empregado na edição das teses dos *Schriften* de 1955. Essa versão contém as teses "A" e "B" e possui poucas correções. Ela consta deste volume.

Adorno, em uma carta a Horkheimer de 12/06/1941, após ter recebido a cópia das teses das mãos de Hannah Arendt, comenta esse documento de modo ambíguo. Por um lado, ele enfatiza que o próprio Benjamin não pensava em publicar o texto das teses. Mas aproveita também para exercer a sua crítica bastante carregada: "O elemento inacabado, em estilo de esboço do todo, é evidente. Uma certa inocência nas partes que tratam do marxismo e de política, novamente estão presentes e são identificáveis." (WN p. 314) Ainda assim, ele defende a publicação das teses e a justifica com palavras generosas:

> Trata-se da última concepção de Benjamin. A sua morte torna supérflua qualquer questão associada ao ser provisório do trabalho. Não pairam dúvidas sobre a grande força do todo. Acrescente-se a isso: que nenhum outro trabalho de Benjamin se mostra mais próximo de nossas próprias intenções. Isso refere-se sobretudo à concepção de história como permanente catástrofe, à crítica ao progresso e ao domínio da natureza e à posição da cultura. (WN p. 314)

Oitenta anos depois da composição dessas teses impressiona a absoluta atualidade delas. A necessidade de se repaginar a história do ponto de vista dos vencidos é imperativa. Ela deve estar na base de qualquer projeto digno de um viver em comum que vise nos catapultar para fora desse nosso momento histórico de triunfo do neocolonialismo, do

Sobre o conceito de História

negacionismo da crise ambiental, da homofobia, da misoginia, do racismo, de fobia à política, à democracia e aos direitos humanos. Se revisionistas neofascistas estão galgando o poder hoje é porque também não soubemos nos aparelhar politicamente com uma história estruturada de modo forte o suficiente para resistir aos ataques negacionistas e memoricidas. O revisionismo fascista que quer glorificar ditaduras e torturadores exige uma resposta que se dá, antes de mais nada, no campo da *guerra das imagens*, para usar uma expressão do cineasta e videoartista Harun Farocki. Benjamin afirmou há oitenta anos que estávamos perdendo essa batalha. Cabe a nós reverter este estado de coisas.

> Articular o passado historicamente não significa conhecê-lo "como ele foi de fato". Significa apoderar-se de uma recordação, tal como ela relampeja no instante de um perigo. Para o materialismo histórico, trata-se de capturar uma imagem do passado tal como ela, no momento do perigo, configura-se inesperadamente ao sujeito histórico. O perigo ameaça tanto a sobrevivência da tradição quanto os seus destinatários. Para ambos ele é um e o mesmo: entregar-se como ferramenta da classe dominante. Em cada época, deve-se tentar novamente liberar a tradição do conformismo, que está prestes a subjugá-la. [...] Apenas tem o dom de atiçar no passado aquelas centelhas de esperança *o* historiógrafo atravessado por esta certeza: nem os mortos estarão em segurança se o inimigo vencer. E esse inimigo não tem cessado de vencer. (Tese VI T4)

***

Esta edição se baseia na edição de Gérard Raulet: *Über den Begriff der Geschichte. Werke und Nachlaß. Kritische Gesamtausgabe*, Frankfurt. A. M.: Suhrkamp, vol. 19, 2010. Devo a Adalberto Müller, que traduziu os textos das teses e esboços junto comigo, a iniciativa para realizar este livro. Em outubro de 2019, encontrando-se em Berlim como pesquisador convidado do Leibniz Zentrum für Kultur- und Literaturwissenschaft (ZfL), a convite de Detlev Schöttker, Adalberto ficou fascinado com a versão das teses enviada a Hannah Arendt, e também intrigado com a longa história de "esquecimento" dessa versão – história que, segundo se lê no volume de Schöttker/Wizisla, passa também pela relação conturbada entre Arendt e Adorno em torno do legado de Walter Benjamin.[12] Por que não existe uma edição dessa incrível versão das teses em português? A partir daí eu sugeri fazermos este volume incluindo também a versão do manuscrito Bataille-Agamben, a versão francesa e o T4. Valeu a pena. Durante todo o ano de 2019, em eventos nas áreas de Letras, Filosofia, Psicanálise, História e Comunicação, eu lancei mão dessas teses para tentar repensar nosso presente e nossa história. Estava e estou convencido da necessidade de estudarmos e sobretudo de levarmos a sério o que estas teses e fragmentos nos contam. Eles falam de um momento que foi engolido pelo terror fascista e mostram estratégias de resistência e de luta. Nessas teses articula-se uma crítica do sequestro da política por uma prática que reduz corpos a ins-

---

12 Cf. O belo ensaio de Hannah Arendt sobre Benjamin: "Walter Benjamin: 1892-1940," in: *Homens em tempos sombrios*, trad. D. Bottman, São Paulo: Companhia da Letras, 1987. 133-176.

Sobre o conceito de História 27

trumentos do capital e destrói a natureza, com um poderoso revisionismo positivo da história do ponto de vista dos vencidos. A redução da natureza a commodity que vemos hoje ele criticava ao analisar a concepção de um Joseph Dietzgen: "Ao conceito corrompido de trabalho corresponde, como seu complemento, *a* natureza, a qual, na expressão de Dietzgen, 'está aí de graça.'" (Tese XI de T4; cf. tese IXa de M HA e notas; M 48) Leiamos, portanto, com paciência e carinho esses textos, como se fosse uma missão: História como Missão, para parafrasearmos nosso saudoso e querido professor Nicolau Sevcenko (autor de *Literatura como Missão*, 1983) e quem nos idos de 1983 me introduziu na leitura de Walter Benjamin.

Uma última observação acerca das rasuras nos textos. Ao decidir não eliminar as palavras e passagens rasuradas nos textos de Benjamin das teses e de seus esboços e versões, optamos por ficar mais colados à edição crítica. Como se verá, muitas dessas rasuras dão pistas preciosas para a leitura. Evidentemente existe uma distância gigantesca entre se ler um texto no original, onde essas palavras e rasuras podem fazer mais sentido, do que em uma tradução. Mesmo porque muitas vezes não sabemos o que algumas letras querem dizer. Então nosso procedimento foi o de abandonar qualquer ilusionismo filológico radical, deixando muitas dessas palavras e letras rasuradas de lado, e assumir que se trata de uma tradução que incorpora essas variantes riscadas e tropeços, como modo de indicar ao leitor não só outros caminhos na leitura, mas também a vida contida nestes textos. Não devemos esquecer que nada neste livro estava pronto para a publicação. As teses e os esboços estavam sendo constantemente relidos e retrabalhados. Inclusive isso dificulta a datação desses textos, pois Benjamin costumava inserir as novas variantes nas versões antigas também. O editor Raulet investe em várias páginas da edição crítica tentando estabelecer a cronologia dos textos (WN p.161-216), mas abre mão de fazê-lo de modo definitivo e absoluto. A ordem que ele publica as versões corresponde apenas aproximadamente à ordem da criação dessas versões. Mais importante do que essas pequenas diferenças das datas de criação das versões é o trabalho como um todo, que aparece como um verdadeiro ato de criação, como se pudéssemos ver uma arrojada construção arquitetônica abandonada em meio à sua construção. Não hesitemos. Entremos nesse prédio, visitemos seus cômodos. Deixemo-nos também habitar por essas palavras.

São Paulo, 03/03/2020 –
Márcio Seligmann-Silva

<<M HA>>
<Sobre o conceito de História
O manuscrito de Hannah Arendt>[1]

1 Esta versão das teses "Sobre o conceito de história" é conhecida como o "manuscrito de Hannah Arendt". Apesar de ser impossível se determinar com precisão as datas de todas as seis versões das teses "Sobre o conceito de História", esta aparenta ser a versão mais antiga que temos hoje dentre as que nos chegaram. O manuscrito possui várias correções do punho de Benjamin e foi redigido sobre envelopes do *Schweizer Zeitung am Sonntag*, da revista *Les Cahiers du Sud*, e nas costas de uma carta em inglês, dirigida ao consulado americano, datada de 12/02/1940. Os carimbos das postagens vão de 10/03/1939 a 09/02/1940. Trata-se de uma versão com muitas diferenças com relação às demais e, portanto, de uma versão chave para nos aproximarmos das teses. A numeração foi alterada muitas vezes, mostrando que Benjamin ainda não estava satisfeito com a ordem das teses. Esta versão, Benjamin deu a sua amiga Hannah Arendt pouco antes de sua tentativa frustrada de fuga para os EUA que acabou com seu suicídio na fronteira entre a França e a Espanha. (Cf. carta de H. Arendt a Adorno de 30/01/67, in *Über den Begriff der Geschichte. Werke und Nachlaß. Kritische Gesamtausgabe*, ed. Gérard Raulet, Frankfurt. A. M.: Suhrkamp, vol. 19, 2010, p. 352) Arendt deu uma cópia desse manuscrito a Adorno em Nova York em 1941, mas nem na publicação das teses realizadas pelo Instituto de Pesquisas Sociais nem nas feitas por Adorno e R. Tiedemann ela foi levada em conta. O original encontra-se no espólio de H. Arendt na Library of Congress, Washington e foi publicado pela primeira vez no volume *Arendt und Benjamin. Texte, Briefe, Dokumente*, org. por Detlev Schöttker e Erdmut Wizisla, Frankfurt a. M.: Suhrkamp, 2006, p. 99-119. Vale destacar que em todas as versões das teses, Benjamin não acrescentou a elas notas de rodapé, uma vez que ele não destinava, ao menos no estado em que se encontrava, este texto para publicação.

I

Sabe-se que deve ter existido um autômato[2] construído de tal sorte que, a cada movimento de um enxadrista, contra--atacava com outro lance, o que lhe garantia a vitória na partida. Um boneco em trajes de turco, com um narguilé na boca, sentava-se ante o tabuleiro que ficava sobre uma ampla mesa. Através de um sistema de espelhos, criava-se a ilusão de que a mesa era transparente por todos os lados. Na verdade, havia um anão corcunda escondido dentro, o qual ~~manipulava com fios as mãos do boneco~~ era um mestre no xadrez e manipulava com fios as mãos do boneco. É possível então imaginar uma contrapartida filosófica desse aparato. O boneco chamado "Materialismo Histórico" há de vencer sempre. Sem dúvidas, ele está à altura de qualquer adversário se tomar a teologia a seu serviço, ela que é hoje pequena e feia e, de qualquer maneira, não se deixa ver.[3]

---

2   Benjamin alude aqui ao famoso "turco", o "Schachautomat", o autômato jogador de xadrez, um boneco de marionetes enxadrista movido por um aparato complexo, inventado no século XVIII por Wolfgang von Kempelen (1734-1803) em 1769 e descrito por Edgar Allan Poe em "O Jogador de Xadrez de Maelzel", conto de 1836 que foi traduzido por Baudelaire em 1848. Johann Mæzel, um músico da Bavária, adquirira o aparato, após a morte de Kempelen. Tendo em vista que uma das temáticas centrais das teses é o conceito de Revolução, não deixa de ser digno de menção que Napoleão foi um dos derrotados por essa máquina.

3   Cf. a versão dessa tese no M 16 de "Manuscritos: esboços e versões". Vale lembrar também a frase contida no M 23 sobre a teologia no pensamento de Benjamin: "Meu pensamento se relaciona com a teologia como o mata-borrão com a tinta. Ele está comple-

Sobre o conceito de História 31

tamente saturado dela. Mas, se fosse pelo mata-borrão, não restaria nada do que está escrito." No mata-borrão não se pode ler da mesma forma que no texto, antes, ele se torna um palimpsesto ilegível, um espaço sígnico denso e prenhe de significado pensando-se no valor atribuído à teologia nessa frase. O descartado, o "oculto", se torna a parte mais digna do saber. O mesmo se dá nessa impactante primeira tese, que serve de abertura para este texto composto na tradição alemã da filosofia por aforismos e fragmentos. Benjamin descreve um autômato, em uma *ekphrasis*, ou seja, uma descrição de imagem, composta para alegorizar a relação do materialismo histórico com a teologia. Depois de séculos de *Entzauberung*, o desencantamento do mundo, que levou à "morte de Deus", a teologia está esquecida e escondida, mas suas forças não estão reduzidas, muito pelo contrário. Benjamin nesta tese e na igualmente célebre sobre o "Anjo da História" criou duas imagens de pensamento (*Denkbilder*) que reforçam seus conceitos com o poder dessas imagens que nos fazem pensar e lembrar. Desde seu ensaio sobre o surrealismo de 1929 ("O surrealismo. O último instantâneo da inteligência europeia"), cujo programa é retomado nestas teses (cf. M 43 e M 26), ele visava pensar um novo espaço imagético, *Bildraum*, que reforçaria a luta contra a falsa moralização da política, que desaguou no fascismo. Em seu *A obra de arte na era de sua reprodutibilidade técnica* (trad. Gabriel Valladão Silva, rev. técnica M. Seligmann-Silva, Porto Alegre: L&PM, 2013, p. 33, 62, 63, 83, 85), esse projeto é expandido no sentido de se construir um novo *Spielraum*, campo de ação, mas também espaço de *jogo*. Esse espaço lúdico implicava para ele uma nova relação com as forças produtivas (com a técnica) e com a natureza, não mais marcada pela dominação (do corpo do trabalhador e da natureza), mas pelo jogo (que ele associou a uma "segunda técnica" libertadora, que não é dominação da natureza, mas, antes, é dominação da relação entre natureza e humanidade). Ademais, não podemos esquecer que Benjamin foi um historiador e colecionador de brinquedos, tendo composto

II

"Dentre os traços mais notáveis da natureza humana", diz Lotze, "encontra-se ao lado de tanto egoísmo no particular uma ausência de inveja, no geral, ~~de todo~~ do presente em relação ao seu futuro."[4] Essa reflexão nos leva a entender que a imagem de felicidade, que acalentamos, está inteiramente tingida pela época em que transcorre a

---

um "Elogio da boneca", 1931 (in: Benjamin, *Reflexões: a criança, o brinquedo, a educação*, trad. Marcus Mazzari, São Paulo: Summus Editorial, 1984, p. 97-101). Era também um exímio jogador de xadrez, tendo tido como desafiantes de destaque Bertold Brecht e Hannah Arendt. Esta última, em uma carta de 17 de outubro de 1941 a Scholem, narrando sua saída do internato em Gurs e sobre sua convivência intensa de semanas com Benjamin em Lourdes, escreveu: "Benji [apelido carinhoso que ela dava a Benjamin] e eu jogávamos xadrez de manhã até de noite e líamos jornais nas pausas." (*Werke und Nachlaß. Kritische Gesamtausgabe*, op. cit., p. 326) Sobre Benjamin enxadrista cf. Detlev Schöttker, Erdmut Wizisla, "Hannah Arendt und Walter Benjamin. Konstellationen, Debatten, Vermittlungen", in: *Arendt und Benjamin*, op. cit., p. 13. Quanto ao conceito de espaço de imagem (*Bildraum*) e de jogo (*Spielraum*) cf. meu artigo: M. Seligmann-Silva, "Filosofia da Técnica: Arte como Conquista de um novo campo de ação lúdico (*Spielraum*) em Benjamin e Flusser", in: *ARTEFILOSOFIA*, No. 26, julho de 2019, p. 52-85.

4 Hermann Lotze (filósofo alemão, 1817-81), *Mikrokosmos: Ideen zur Naturgeschichte und Geschichte der Menschheit. Versuch einer Anthropologie*. Terceiro volume, Leipzig: Verlag von S. Hirzel, 1864, p. 49. Benjamin desenvolve uma profunda leitura desse mesmo trecho de Lotze em seu *Passagens*: W. Benjamin, *Passagens*. Willi Bolle e Olgária Matos (Org.). Trad.: Cleonice Paes Barreto Mourão e Irene Aron. São Paulo: Editora UFMG e Imprensa Oficial do Estado de São Paulo, 2006, p. 521 (N13 a, 1).

Sobre o conceito de História   33

própria vida que nos cabe. A felicidade que poderia ter despertado inveja em nós existe apenas no ar que respiramos, nas pessoas ~~às quais~~ |com quem| poderíamos ter falado, nas mulheres que poderiam ter se oferecido a nós. Em outras palavras, a representação de felicidade se associa, de modo indissolúvel, à de redenção. Com a representação do passado, de que a história faz seu objeto, ocorre o mesmo. O passado traz consigo um índice temporal que o remete à redenção. Existe um encontro secreto[5] entre as gerações passadas e a nossa. Nós éramos aguardados sobre a Terra. Foi-nos dada, bem como a todas as gerações que nos precederam, uma tênue força messiânica, a qual o passado reivindica. O mais correto é não abrir mão dessa reivindicação. O materialista histórico sabe ~~isso~~ disso.

III[6]

> "Lutai primeiro por alimentação e vestuário, que o Reino de Deus virá então por conta própria."
>
> Hegel 1807[7]

---

5   Secreto, "geheim". Na próxima tese Benjamin escreve sobre um "heliotropismo de tipo secreto". Esta insistência no descortinar do elemento "secreto" vincula-se ao projeto benjaminiano de escovar a história a contrapelo (tese VII em T1, T2, T3, T4 e na versão francesa), que, como na psicanálise, rompe o que estava recalcado, o censurado, aquilo que era escondido por falsas narrativas que não permitem a articulação de contranarrativas que, por sua vez, sustentam a resistência e a luta pela mudança histórica.

6   Essa tese corresponde à tese IV das demais versões.

7   Carta de Hegel a Knebel de 30 de agosto de 1807, in: *Karl Ludwig von Knebel's literarischer Nachlaß und Briefwechsel*, org. por Karl

Walter Benjamin

A luta de classes, que está sempre na mirada de um historiador escolado em Marx, é uma luta pelas coisas brutas e materiais, sem as quais não existem as refinadas e espirituais. Essas últimas, contudo, devem ser postas na luta de classes diferentemente daquela representação de um espólio que cabe ao vencedor. Elas se mantêm vivas nessa luta, como confiança, coragem, humor, astúcia, constância e seguem agindo até mesmo no passado distante. Elas sempre vão ~~questionar~~ | colocar | em questão novamente toda vitória ~~devida~~ | que coube | aos dominantes. Na estufa do historicismo,[8] como flores que voltam suas faces em direção ao sol, o ocorrido luta, graças à força ~~o ocorrido~~ de um heliotropismo de tipo secreto, para voltar-se ao sol que se levanta no céu da história. O materialista histórico deve estar apto a entender essa que é a mais imperceptível das mudanças.

IV[9]

A verdadeira imagem do passado escapa <u>rápido</u>. Só podemos apreender o passado como imagem que, no instante de sua cognoscibilidade, relampeja e some para sempre.[10]

August Varnhagen von Esse und Theodor Mundt, volume dois, segunda edição, Leipzig: Gebrüder Reichenbach, 1840, p. 446. Na passagem da carta, Hegel faz uma menção a um dito bíblico que teria este teor.

8 Essa expressão, "estufa do historicismo" ainda aparece, mas cortada, em T1 e desaparece em T2, T3 e T4.

9 Essa tese corresponde à tese V das demais versões.

10 Aqui Benjamin está retomando a sua teoria das *imagens dialéticas*, ou seja, da construção imagética do saber histórico. No *Passagens* ele anotou um fragmento que ele retoma no contexto das teses

Sobre o conceito de História   35

"A verdade não escapará de nós" – essa frase, de Gottfried Keller[11] descreve o lugar exato em que o materialismo histórico rompe com a imagem que o historicismo tem da história. Pois se trata de uma imagem irrecuperável do passado, que ameaça desaparecer com cada presente, a ~~qual~~ |que| não se reconheceu visado[12] por ela.[13] [A boa

---

nos seus esboços (M 26), como veremos: "Não é que o passado [*Vergangenheit*] lança sua luz sobre o presente [*Gegenwart*] ou que o presente lança sua luz sobre o passado; mas a imagem é aquilo em que o ocorrido [*das Gewesene*] encontra o agora [*Jetzt*] num lampejo, formando uma constelação. Em outras palavras: a imagem é a dialética na imobilidade [*im Stillstand*, que traduzimos aqui por "em suspensão"]. Pois, enquanto a relação do presente com o passado é puramente temporal, a do ocorrido com o agora é dialética – não de natureza temporal, mas imagética. Somente as imagens dialéticas são autenticamente históricas, isto é, imagens não arcaicas." *Passagens*, op. cit., p. 505, N3, 1. Quanto à relação dessas imagens dialéticas com as imagens do trauma, cf. nossa nota à citação de Turgot em M 6.

11   Os comentaristas do manual sobre a obra de Benjamin (cf. *Benjamin Handbuch*, Stuttgart, Weimar: Verlag J. B. Metzler, 2006, pp. 502-7, "Keller") assinalam que essa citação não se encontra na obra do escritor suíço G. Keller, e que pode ter sido retirada de *Crime e Castigo* de Dostoievski, romance que Benjamin estava lendo na ocasião, ao mesmo tempo que lia *Das Sinngedicht* (1881), de Gottfried Keller.

12   "Gemeint", particípio do verbo "meinen", que pode ser "significar" ou "visar". O termo está presente num momento decisivo de "A tarefa do tradutor" ("Meinung" e "Art des meinens"). Na versão francesa, Benjamin a traduz como visar.

13   Da citação de Gottfried Keller até este ponto, esta tese é praticamente idêntica a uma passagem do ensaio de Benjamin "Eduard Fuchs, der Sammler und der Historiker" (1937), "Eduard

nova, que o historiador do passado porta com pulsações velozes, vem de uma boca que, talvez no instante mesmo em que se abre, fala no vazio.] [14]

V [15]

Articular o passado historicamente não significa conhecê-lo "como ele foi de fato".[16] Significa apoderar-se de uma recordação, tal como ela relampejou[17] no instante de um perigo. Para o materialismo histórico, trata-se de capturar uma imagem do passado tal como ela, no instante do perigo, ~~ocorre involuntariamente~~[18] |configura-se inespe-

---

Fuchs, o colecionador e o historiador". *Gesammelte Schriften, Aufsätze, Essays, Vorträge*, vol. II, org. Rolf Tiedemann e Hermann Schweppenhäuser, Frankfurt a.M.: Suhrkamp, 1980, p. 468.

14 Esta última e impressionante frase consta apenas nesta versão, em T 1 e em T 4.

15 Essa tese corresponde à VI das demais versões.

16 Aqui Benjamin cita uma passagem conhecida do historiador alemão Leopold von Ranke (1795-1886): *Geschichte der romanischen und germanischen Völker von 1494 bis 1514*. Terceira edição, Leipzig: Duncker & Humboldt, 1885, p. VII. No mencionado ensaio de Benjamin "Eduard Fuchs, der Sammler und der Historiker" (1937) ele também cita criticamente essa passagem de Ranke. *Gesammelte Schriften*, vol. II., op. cit., p. 469.

17 Em T1, T2, T3 e T4 consta o presente, "relampeja", ao invés do pretérito "relampejou".

18 Aqui "ocorre involuntariamente" traduz "unwillkürlich kommt", sendo que o termo "involuntariamente" está grifado. Mesmo Benjamin tendo substituído essa expressão, isso não elimina o fato de ele perceber aqui uma relação clara entre o seu modelo de articulação da história por parte do materialista histórico, que se apropria de uma imagem do passado como um ato de recorda-

Sobre o conceito de História   37

radamente| ao sujeito histórico. O perigo ameaça tanto a sobrevivência da tradição quanto <os> seus ~~próprios~~ destinatários. Para ambos ele é um e o mesmo: entregar-se como ferramenta da classe dominante. ~~A toda época é dado~~ |Em cada época, deve-se tentar] novamente liberar a tradição do conformismo, que está prestes a subjugá-la. Pois o Messias não vem apenas como Redentor, ele vem como o vencedor do Anticristo. Apenas tem o dom de atiçar no passado aquelas centelhas de esperança ~~a historiografia~~ o historiógrafo atravessado por esta certeza: <u>nem os mortos</u> estarão em segurança se o inimigo vencer. E esse inimigo não tem cessado de vencer.

VI[19]

A tradição dos oprimidos nos ensina que o "estado de exceção" <<Ausnahmezustand>>,[20] no qual estamos viven-

---

ção, e o modelo proustiano da *mémoire involontaire*. Essa relação fica clara no fragmento M 27.

19   Essa tese corresponde à tese VIII das demais versões, com exceção da versão francesa que não contém essa tese.

20   Quanto ao conceito de "Ausnahmezustand", estado de exceção, cf. Carl Schmitt, *Politische Theologie. Vier Kapitel zur Lehre von Souveränität*. Segunda edição, München e Leipzig: Verlag von Duncker und Humboldt, 1934 (primeira edição 1922), primeiro capítulo "Definição da soberania". Benjamin tratara desse tema já em seu artigo de 1921 "Zur Kritik der Gewalt" ("Crítica da Violência. Crítica do Poder", trad. de Willi Bolle, in: W. Benjamin, *Documentos de Cultura, Documentos de Barbárie*, org. W.Bolle, S. Paulo: Cultrix/EDUSP, 1986, pp. 160-175) como na sua tese de livre docência, *Ursprung des deutschen Trauerspiels, Origem do drama trágico alemão* (tradução João Barrento, Belo Horizonte: Autêntica,

do, é a regra. Precisamos atingir um conceito de história que corresponda a esse dado. Então, veremos que nossa tarefa ~~histórica~~ é a de induzir ao estado de exceção efetivo; e desse modo, melhorará a nossa posição na luta contra o fascismo.[21] Este tem se aproveitado da situação favorável de que seus adversários se contrapõem a ele em nome do progresso como norma histórica. – O espanto ante o fato de que as coisas que vivemos no século XX "ainda" sejam possíveis não tem *nada* de filosófico. Ele não se encontra no início de um conhecimento, a não ser aquele que aponta para o fato de que a representação da história da qual ele deriva não pode ser sustentada.

2011), originalmente realizada em 1925. No capítulo sobre o "Drama Trágico [*Trauerspiel*] e a Tragédia", Benjamin destaca a "Incapacidade de decisão" do soberano. Schmitt, vale lembrar, era o teórico da necessidade dessa decisão. Estamos em campos opostos aqui, de um lado Schmitt defensor o Führer como garantia da constituição e da ordem, do outro Benjamin, como crítico dessa ordem ditatorial. Citemos a passagem Benjamin de seu ensaio sobre o Barroco: "A antítese entre o poder do soberano e a sua efetiva capacidade de governar levou, no drama trágico, a uma característica muito própria, que só aparentemente é um traço de gênero, e que só pode ser explicada à luz da teoria da soberania. Trata-se da incapacidade de decisão do tirano. O príncipe, cuja pessoa é depositária da decisão do estado de exceção, demonstra logo na primeira oportunidade que é incapaz de tomar uma decisão." (2011: 66)

21 É fundamental ter em mente que Benjamin compôs estas teses visando combater o fascismo no qual várias nações da sua época afundavam. Aqui encontramos um traço fundamental da atualidade e do valor destas teses para nós.

Sobre o conceito de História 39

VII[22]

"Minha asa está pronta pro salto
~~E~~ Queria era voltar pra trás
Se eu ficasse então no tempo vivo
Teria menos sorte."

Gerhard Scholem: Saudação do Angelus[23]

Há um quadro de Klee que se chama *Angelus Novus*. Nele se apresenta um anjo que parece estar na iminência de afastar-se de algo que ele encara fixamente. Seus olhos estão arregalados, sua boca está aberta e suas asas estão estiradas. É assim que deve parecer o Anjo da História. Sua face se volta para o passado. Lá onde <u>nós</u> vemos surgir uma sequência de eventos, <u>ele</u> vê uma catástrofe única, que incessantemente empilha escombros sobre escombros e os lança a seus pés. Ele gostaria de se demorar, de despertar os mortos e reunir de novo o que foi esmagado. Mas uma tempestade sopra do paraíso, que se agarra às suas asas, e é tão forte que o Anjo já não as consegue mais fechar. Essa tempestade o leva inexoravelmente para o futuro, para o qual ele dá as costas, enquanto diante dele a

---

22 Essa tese equivale à tese IX das demais versões, com exceção da versão francesa que não contém essa tese.

23 Poema enviado por Scholem a Benjamin por ocasião do aniversário deste em 15/7/1921 (cf. *Gesammelte Briefe*. Volume II. 1919-1924, org. por Ch. Gödde e H. Lonitz, Frankfurt a.M.: Suhrkamp, 1996, p.174s)

40 Walter Benjamin

pilha de escombros cresce rumo ao céu. Aquilo que chamamos de progresso é essa tempestade.[24]

VIII[25]

Os temas que as regras do claustro ordenavam aos monges para a meditação tinham por função torná-los hostis ao mundo e às suas tribulações. As reflexões que propomos aqui têm um intuito semelhante. No momento em que os políticos nos quais os adversários do fascismo tinham depositado suas esperanças caem por terra, agravando a derrota com a traição à sua própria causa, tais reflexões pretendem arrancar os rebentos da política[26] das

---

24 Com relação ao Angelus Novus cf. nossa nota inicial ao M 37

25 Essa tese equivale à tese X das demais versões, com exceção da versão francesa na qual essa tese leva o número IX.

26 Os editores da *Werke und Nachlaß. Kritische Gesamtausgabe* de Benjamin indicam que a expressão *Weltkind*, literalmente "filho do mundo", deriva de uma passagem de *De minha vida. Poesia e Verdade* de Goethe. Trata-se de um termo que indica uma oposição aos monges: seculares ou leigos, de esquerda ou de direita. De certo modo, Benjamin faz aqui uma crítica a todo o espectro da socialdemocracia (derrotada para os fascistas em 1933) equivalente à que Marx tinha feito ao texto sobre o Programa de Gotha. Michael Löwy (cf. *Walter Benjamin. Aviso de incêndio. Uma leitura das teses "Sobre o conceito de história"*. Trad. Wanda Nogueira Caldeira Brandão. São Paulo: Boitempo, 2005, p. 96) entende que a crítica à esquerda se refere ao KPD alemão, que cai por terra definitivamente depois do pacto entre Hitler e Stalin (1939). Na passagem de Goethe, ele reconstrói em sua autobiografia ironicamente seu encontro no qual ele esteve entre dois amigos que pregavam: o fisiognomista Johann Kaspar Lavater, que pregava o Apocalipse de um lado e o pedagogo Johann Bernhard Basedow,

Sobre o conceito de História 41

malhas[27] em que foram enredados por esses mesmos políticos. Essa consideração pressupõe que a fé teimosa desses últimos no progresso, a sua confiança ~~cega~~ no "apoio das massas"[28] e, por fim, seu alinhamento obediente a um aparelho[29] incontrolável, são os três lados de uma mesma

---

que tentava defender a inutilidade do batismo, do outro lado. Em versos, Goethe formulou de modo mordaz: "E, fôssemos para Emaús, seguimos/ A passos de fogo e vento essa empreitada:/ Um profeta à esquerda, outro à direita,/ No meio, o mais mundano dos meninos [*Das Weltkind in der Mitten*]". (*De minha vida. Poesia e Verdade*, tradução Maurício Mendonça Cardozo, S. Paulo: Editora UNESP, 2017, p. 745)

27 Löwy (*Aviso de incêndio*, op. cit., p. 98) observa que a imagem vem das *Considerações Intempestivas* de Nietzsche.

28 Acerca dessa confiança cega no apoio das massas, vale lembrar a importância que Benjamin atribuiu então à teoria das massas, contra uma tendência da esquerda a glorificar o proletariado como fonte imediata de redenção. Nos fragmentos de seu *A obra de arte na era de reprodutibilidade técnica*, ele anotou: "o pensamento dialético não pode [...] de modo algum se abster do conceito de massa, deixando-o ser substituído por aquele de classe. Furtar-se-ia com isso a um dos instrumentos para a apresentação do vir a ser das classes e dos acontecimentos nestas. [...] a formação de classes no seio de uma massa é um evento concreto e importantíssimo quanto ao conteúdo." (Benjamin, *A obra de arte na era de reprodutibilidade técnica*, op. cit., p. 141-142)

29 "Aparelho incontrolável", parece remeter ao conceito de aparelho burocrático, *bürokratisches Apparat*, na sociologia de Max Weber, aqui fazendo a analogia entre o "aparelho burocrático" e o "aparelho político", isto é, o sistema político-partidário, uma das crenças básicas da socialdemocracia de Weimar. Cf. Max Weber: *Wirtschaft und Gesellschaft. Grundriß der verstehenden Soziologie.* Besorgt von Johannes Winckelmann. Studienausgabe, Tübingen,

questão. Procura-se assim dar uma noção do quanto sai caro aos nossos hábitos mentais buscar uma concepção de história que evite toda cumplicidade com aquela a que tais políticos ainda se aferram.

IXa[30]

O conformismo, que desde o começo se sentiu em casa na socialdemocracia, adere não apenas a suas táticas políticas, mas também a suas ideias[31] econômicas. Ele é ~~aquela~~ uma das causas do seu posterior colapso. Não há nada que ~~corromperia~~ tenha corrompido mais a classe trabalhadora alemã do que a opinião de que ela estava nadando a favor da corrente. O desenvolvimento econômico[32] era visto como a jusante da correnteza, com a qual ela nadava. Daí só faltava um passo para a ilusão de que o trabalho nas fábricas, que parecia seguir o curso do progresso técnico, representava uma conquista política. A antiga moral protestante do trabalho festejava a sua ressurreição em forma secularizada na classe trabalhadora alemã. O Programa de Gotha já evidenciava as marcas dessa confusão. Ele definia o trabalho como "fonte de toda riqueza e toda cultu-

---

1980, p. 567-569. Na versão francesa da tese X temos aqui ao invés de "aparelho incontrolável", "confiança cega no partido".

30 Essa tese equivale à tese XI das demais versões, com exceção da versão francesa na qual essa tese leva o número X.

31 Aqui, assim como em outras aparições de "ideia" nos textos que vertem as versões alemãs das teses, a menos que seja indicado, este termo está traduzindo "Vorstellung".

32 Nas demais versões, onde aqui se encontra "desenvolvimento econômico", consta "desenvolvimento econômico técnico."

Sobre o conceito de História

ra."[33] Pressentindo o pior, Marx replicou a isso afirmando que o homem que não possui outra propriedade que a sua força de trabalho "torna-se necessariamente um escravo daqueles que se tornaram...proprietários."[34] A confusão se propagou, e pouco depois Josef Dietzgen anunciava: "O trabalho é o Salvador dos novos tempos... No aperfeiçoamento do trabalho... reside a riqueza que agora pode ser produzida e que nenhum Redentor jamais produziu".[35]

---

33 Essa frase do "Programa de Gotha" de 1875 foi citada por Marx em sua crítica a esse documento. Karl Marx, *Crítica ao Programa de Gotha* (Tradução de R. Enderle, S. Paulo: Boitempo, p. 25). O Programa de Gotha é o programa do Sozialistische Arbeiterpartei Deutschlands (SAD, partido socialista da era do Império alemão) que foi produzido na cidade Gotha em 1875, data de sua fundação que resultou da fusão de outros dois partidos: o Sozialdemokratische Arbeiterpartei (SDAP), liderado por August Bebel e Wilhelm Liebknecht e o Allgemeine Deutsche Arbeiterverein (ADAV), fundado por Ferdinand Lassalle. O programa de Gotha colocava o trabalho no centro de seu projeto político.

34 Karl Marx, *Crítica ao Programa de Gotha*, op. cit., p. 26.

35 Josef Dietzgen, *Sämtliche Schriften*, org. por Eugen Dietzgen, primeiro volume: *Das Wesen der menschlichen Kopfarbeit. Eine abermalige Kritik der reinen und praktischen Vernunft und Kleinere Schriften von Josef Dietzgen*. Wiesbaden: Verlag der Dietzgenschen Philosophie, 1911, p. 98. Pouco depois da passagem citada por Benjamin nesta tese, pode-se ler ainda no texto de Dietzgen: "na melhora potencializada dos métodos e instrumentos de trabalho, é nisto que consiste a riqueza, que agora pode realizar aquilo que nenhum Redentor foi capaz." (Id., p. 99) Josef Dietzgen (1828-88) foi um filósofo alemão, que se correspondeu com Marx e chegou a ser elogiado por este por seu trabalho filosófico. Membro do partido socialdemocrata, viveu também parte de sua vida nos Estados Unidos no final dos anos 1850, onde se engajou na luta

44   *Walter Benjamin*

Esse conceito característico do marxismo vulgar quanto ao que o trabalho é não leva em consideração em que medida os produtos podem afetar os trabalhadores, na medida em que estes não os têm à sua disposição. ~~Ele considerou apenas o progresso das ciências da natureza no desenvolvimento da técnica~~ Ele quer admitir apenas o progresso do domínio da natureza, e não os retrocessos da sociedade.[36] Ele exibe já os traços tecnocráticos que depois ~~perten-~~

---

pela abolição da escravidão. Sua obra *Das Wesen der menschlichen Kopfarbeit* originalmente foi publicada em 1869.

36 Nessa importante passagem, Benjamin retoma um tema caro a sua reflexão: a crítica da técnica destruidora que visa a "Naturbeherrschung", ou seja, o "domínio da natureza". Na passagem rasurada do manuscrito parece que ele sugere uma relação entre essa técnica destruidora e uma valorização unilateral das ciências da natureza. Em seu mencionado ensaio "Eduard Fuchs, o colecionador, o historiador", ele afirma: "A técnica evidentemente não é nenhum fato puramente pertencente às ciências da natureza. Ela é ao mesmo tempo um fato histórico. Como tal ela desafia a testarmos a separação não dialética, positivista que se tentou estabelecer entre ciências da natureza e humanas." (*Gesammelte Schriften*, vol. II, op. cit., p. 474) Em oposição a essa técnica submetida à ciência e ao modelo de trabalho capitalista, em diversas ocasiões Benjamin escreveu sobre uma outra técnica, liberadora da natureza interna e externa ao ser humano. Em seu livro de aforismos *Rua de mão única* ele escreveu: "Dominação da Natureza, assim ensinam os imperialistas, é o sentido de toda técnica. Quem, porém, confiaria em um mestre-escola que declarasse a dominação das crianças pelos adultos como o sentido da educação? Não é a educação, antes de tudo, a indispensável ordenação da relação entre as gerações e, portanto, se se quer falar de dominação, a dominação das relações entre gerações, e não das crianças? E assim também a técnica não é dominação da

Sobre o conceito de História   45

c̶e̶r̶ã̶o̶ ̶a̶o̶ se encontram |no| fascismo. Entre esses, há um conceito de natureza que se destaca de modo ameaçador das utopias socialistas anteriores ao março de 1848. O trabalho, como agora compreendido, visa a uma "exploração da natureza", que é associada, de maneira ingênua e complacente, à exploração do proletariado. E̶q̶u̶i̶p̶a̶r̶a̶d̶a̶ ̶a̶ |Comparada| a e̶s̶s̶e̶ ̶c̶o̶n̶c̶e̶i̶t̶o̶ essa concepção positivista |marxista vulgar|, os delírios tão ridicularizados de um Fourier revelam uma surpreendente vitalidade de sentido.[37] De acordo com Fourier, o trabalho social bem orga-

---

Natureza: é dominação da relação entre Natureza e humanidade." *Obras escolhidas II: Rua de mão única.* Trad.: R. R. Torres Filho e J. Barbosa; rev. técnica: Márcio Seligmann-Silva. São Paulo: Brasiliense, 6 ed. rev., 2012, p. 70.

37 Sobre o socialista francês Charles Fourier (1772-1837) e seus falanstérios Benjamin se ocupou em diversas resenhas, em seu livro sobre Baudelaire (*Charles Baudelaire: um lírico no auge do capitalismo*) e em dezenas de fragmentos de seu *Passagens,* que possui toda uma seção dedicada a esse pensador. (Benjamin, *Passagens,* op. cit., p. 663-692) A apresentação do *Passagens* ("Paris, a capital do século XIX") de 1935, assim como na sua versão de 1939, possui também um pequeno capítulo dedicado a Fourier. Benjamin escreveu então: "Nas passagens, Fourier viu o cânone arquitetônico do falanstério." (Benjamin, *Passagens,* op. cit., p. 41) Sobre o tema do trabalho e Fourier, cf. especificamente o fragmento J 75, 2 (Id., p. 406s.): "A caracterização do processo de trabalho em relação com a natureza traz a marca da concepção social que se tem dele. Se o homem não fosse propriamente explorado, poder-se-ia poupar o discurso impróprio da exploração da natureza. Este último reforça a aparência do 'valor' que as matérias-primas adquirem apenas pelo sistema de produção fundado na exploração do trabalho humano. Se esta termina, o trabalho, por sua vez, despe-se do caráter de exploração da natureza pelo homem e se realizaria, então, segundo o

nizado teria como consequência quatro luas iluminando a noite terrestre, o gelo ~~se retiraria~~ retirando-se dos polos, a água do mar deixando de ser salgada, e os animais ferozes ficando a serviço dos homens. Isso tudo ~~ilustra~~ serve para ilustrar um trabalho que, longe de explorar a natureza, faz nascer suas criações, que dormem no seu ventre como possibilidades. Ao conceito corrompido de trabalho corresponde, como seu complemento, a natureza, a qual, como Dietzgen se expressou, "está aí de graça."[38]

IX[39]

O sujeito do conhecimento histórico é a própria classe oprimida combatente. Em Marx, ela aparece como a última classe escravizada, como aquela que se vinga, que vai consumar o trabalho de libertação em nome de gerações [inteiras] de massacrados. Essa consciência, que esteve ativa durante o breve período da "Liga Spartacus"[40],

---

modelo do jogo infantil que serve de base ao 'trabalho apaixonado' dos 'harmonianos' [denominação dos habitantes dos falanstérios] em Fourier. Ter apresentado o jogo como cânone do trabalho que não é mais explorado foi um dos grandes méritos de Fourier. Um trabalho animado assim pelo jogo não visa a produção de valores, e sim o melhoramento da natureza."

38 Em Josef Dietzgen lê-se: "Desde Adam Smith é reconhecido pela ciência econômica nacional que, na natureza que está aí de graça, o trabalho produz todo o capital inclusive os juros." Josef Dietzgen, *Sämtliche Schriften*, vol. I., op. cit., p. 175.

39 Essa tese corresponde à tese XII das demais versões, sendo que não consta de T3.

40 A Liga Spartacus ou Liga espartaquista é conhecida em alemão pela expressão "Spartakusbund", sendo que Benjamin nas teses

Sobre o conceito de História

foi sempre incômoda para a socialdemocracia. Ao longo de três décadas, ela quase conseguiu apagar o nome de um Blanqui, que soava retumbante no século passado. Ela preferiu atribuir à classe trabalhadora o papel de salvar as gerações <u>futuras</u>. Desse modo, cortou o tendão de suas melhores forças. A classe desaprendeu nessa escola tanto o ódio quanto a capacidade de sacrifício. Pois ambos se alimentam |da| imagem dos antepassados escravizados, e não do ideal dos descendentes libertos.[41] A Revolução

---

escreve, entre aspas, apenas "Spartacus" (com "c"). Tratava-se de uma liga marxista socialista alemã que atuou na Primeira Guerra Mundial, visando realizar uma Revolução comunista. Esse grupo teve origem em uma dissensão do SPD, o Partido Socialdemocrata alemão, em 1916 que foi batizada então como Spartakusgruppe. Na Revolução de Novembro, em 1918, o grupo se reorganizou a nível nacional com o nome "Spartakusbund", sempre em homenagem a Espártaco, o escravo que liderou a rebelião dos escravos na Roma Antiga em 73-71 a.C. Em 1 de janeiro de 1919 a Liga entrou no recém fundado KPD, Partido Comunista Alemão. No dia 15 de janeiro Rosa Luxemburg e Karl Liebknecht, seus principais líderes, foram presos e barbaramente assassinados.

41 Essa tese apresenta de modo cristalino a "virada copernicana" no saber histórico proposta por Benjamin aqui nestas teses. (Cf. a nossa apresentação deste volume.) Para tanto, ele apresenta o paralelismo entre a tarefa revolucionária e o pensamento histórico, em ambos o agente é a classe oprimida combatente. Se o combatente luta tendo em vista a libertação do passado reprimido e não combate tendo em vista um futuro radioso, da mesma forma o historiógrafo deve alimentar a luta presente a partir das imagens "dos antepassados escravizados". Trata-se de uma estratégia de biopolítica das emoções, de canalização dos sentimentos de vingança, ódio e da capacidade de sacrifício a favor da revolução. Isso ocorre através de uma verdadeira guerra de imagens. No seu

Russa sabia disso. O ditado "nenhuma glória para o vencedor, nenhuma compaixão para os vencidos" é penetrante, porque expressa mais a solidariedade com os irmãos mortos do que uma com os ~~descendentes~~ herdeiros.[42]

---

ensaio sobre o surrealismo de 1929 ele já formulara a necessidade de construção de um "Bildraum" (cf. adiante M 43), espaço de imagem, que ele associou a uma politização do pensamento histórico. Para ele, o corpo e o espaço das imagens interpenetrados permitirão que "todas as tensões revolucionárias se tornem inervações do corpo coletivo, e todas as inervações do corpo coletivo se tornem tensões revolucionárias." (W. Benjamin, *Magia e técnica, arte e política: ensaios sobre literatura e história da cultura*, trad.: Sergio Paulo Rouanet; rev. técnica: Márcio Seligmann-Silva, 8 ed. rev. São Paulo: Brasiliense, 2012, p. 35-36). Os exemplos de Benjamin, a Liga Spartacus e a Revolução Russa, teriam sido momentos de manifestação dessa consciência histórica revolucionária. Sempre que governos fascistas assumem o comando essa consciência histórica se torna vital na luta política. - As demais versões divergem a partir daqui nesta tese: em T1 esta parte é colocada entre colchetes e tem acréscimos a mão, na versão francesa consta um texto semelhante a M HA, em T2 e em T4 a tese termina aqui e T3 não possui esta tese.

42 Em 1930, portanto um ano após ter conhecido e ficado amigo de Brecht, Benjamin anotou essa mesma frase em seus "Comentários às obras de Brecht". No original alemão: "Kein Ruhm dem Sieger, kein Mitleid dem Besiegten". Após as aspas continua o texto: "Inscrição em pirografia sobre uma placa de madeira, União Soviética." (Benjamin, *Gesammelte Schriften*, vol. II, org. por R. Tiedemann e H. Schweppenhäuser, Frankfurt a.M.: Suhrkamp Verlag, p. 507) Como veremos, nos esboços e fragmentos às teses, Benjamin também comenta essa frase em "Problema da tradição II" (M 15) e em "Interpretação do Angelus Novus" (M 35).

X[43]

A teoria e, mais ainda, a práxis da socialdemocracia foram determinadas por um conceito de progresso que não ~~estava~~ se vinculava à realidade, mas antes a uma posição dogmática. Em primeiro lugar, a imagem do progresso que os socialdemocratas desenhavam era a do progresso da humanidade mesma (e não apenas de suas capacidades e conhecimentos). Em segundo lugar, ~~um motivo~~ ele era interminável (correspondente a um infinito aperfeiçoamento da humanidade). Em terceiro lugar, era tomado como um processo essencialmente irresistível (percorrendo automaticamente uma trajetória reta ou em espiral). Cada um desses predicados é controverso e é possível criticá-los um por um. Essa crítica deve, contudo, se quisermos chegar ao cerne da questão, ir além de tais predicados, e visar o que eles têm em comum. ~~A ideia de um progresso na história humanidade na história é desde já~~ <?> A ideia de um progresso da humanidade na história é inseparável da ideia de sua marcha em um tempo homogêneo e vazio. A crítica da ideia dessa marcha deve fundamentar a crítica da ideia de progresso em geral.

[XI][44]

Decerto, o tempo, para os adivinhos que inquiriam sobre o que ele trazia escondido em seu seio, não era experienciado nem como algo homogêneo nem como vazio. Quem tem isso em mente pode ~~primeiramente~~ |talvez|

---

43 Essa tese equivale à tese XIII das demais versões, com exceção da versão francesa que não contém essa tese.

44 Esta tese corresponde à tese final de T1 (XIIa) e à "B" de T4.

50 *Walter Benjamin*

ter um conceito de como o tempo passado é experienciado na reminiscência: do mesmo modo. Sabemos que os judeus eram proibidos de ~~fazer~~ inquirir |sobre o| futuro. Ao contrário, a Torá e as preces ensinavam-lhes a reminiscência. Esta lhes desencantava o futuro, ao qual sucumbiam aqueles que buscavam sabê-lo com os adivinhos. Mas nem por isso, para os judeus, o futuro tornou-se um tempo homogêneo e vazio. Pois nele cada segundo era a portinha por onde o Messias podia entrar.[45]

XII[46]

> "A origem é a meta."
>
> Karl Kraus: (Der Sterbende Mensch) Worte in Versen I (A pessoa moribunda) Palavras em Versos[47]

A história é objeto de uma construção cujo lugar é constituído não pelo tempo homogêneo e vazio, mas por aque-

---

45 É importante, com relação a essa teoria da temporalidade na traição mística judaica, lembrar de uma frase lapidar de Gershon Scholem: "O conceito de tempo do judaísmo é o eterno presente". G. Scholem, "95 Thesen über Judentum und Zionismus", in P. Schäfer e G. Smith (orgs.), *Gershom Scholem. Zwischen den Disziplinen*. Frankfurt a M: Suhrkamp, 1995, pp. 289-95, aqui p. 294.

46 Essa tese corresponde à tese XIV de T1, T2 e de T4, e falta em T3 e na versão francesa.

47 Aqui Benjamin cita "Der sterbende Mensch", in: K. Kraus, *Worte in Versen*, Leipzig: Verlag der Schriften von Karl Kraus, 1916, p. 69.

le que vem preenchido pelo tempo-agora.[48] Assim, para Robespierre, a Roma antiga era um passado carregado de tempo-agora, que ele fez explodir do *continuum* da história. A Revolução Francesa compreendia-se como uma Roma ressurgida. Ela citava a Roma antiga exatamente como a moda cita um traje do passado. A moda tem ~~mesmo~~ o faro para o atual onde quer |que ele se mova no matagal do outrora| |[que |a qual| não se cansará de desentocá-lo]| ~~que se mexe na História~~. Ela é o salto de tigre em direção ao passado. Só que esse salto se dá numa arena na qual a classe dominante o comanda. O mesmo salto, sob <<o>> céu livre da história, é efetivamente o salto dialético, como Marx concebeu ~~a Revolução~~ |as Revoluções|.[49]

---

48 O neologismo "Jetztzeit" (que traduzimos por tempo-agora) remete ao "nunc stans" dos místicos. Haroldo de Campos propôs traduzi-lo como "agoridade", mas ao que parece essa palavra traduziria melhor o termo "Jetzbarkeit", termo inexistente em alemão.

49 Este é o único momento em que Benjamin utiliza no M HA o termo "Revolução" não para se referir a um fato histórico, mas no contexto de uma teoria da revolução a vir. Em seguida, na tese XIII deste M HA (correspondente à tese XV das demais versões) ele fala de classes "revolucionárias" nesse mesmo sentido prognóstico. Na tese XV de M HA (correspondente à tese XVII das demais versões) ele utiliza no mesmo sentido o termo ao falar da "oportunidade revolucionária na luta em favor do passado reprimido". A tese XVIII de T1, por fim e de modo enfático, trata de uma "situação revolucionária", da "oportunidade revolucionária" e do "pensador revolucionário". A revolução é associada à ideia de "fazer saltar", explodir, em alemão, "herausprengen", literalmente, fazer "saltar para fora". Isso significa duas coisas. Para o historiador: significa o saltar para fora da continuidade da falsa narrativa histórica que *encobre* a história das lutas e re-

XII[50]

A história é objeto de uma construção cujo *medium*[51] é constituído não pelo tempo homogêneo e vazio, mas por

sistências. Para o revolucionário esse pensamento implica a possibilidade de se saltar para fora do rumo da história como história dos vencedores. Aqui o conceito de "origem", "Ursprung" (em alemão, literalmente: proto salto), realiza a associação entre o procedimento epistemológico do historiador (que pensa guiado pelo faro para as afinidades eletivas históricas e salta entre as temporalidades, entre os tempo-agora) e o revolucionário (que, como Robespierre, citava a Roma antiga na revolução). A epígrafe de Karl Kraus, "Ursprung ist das Ziel" ("A origem é a meta") indica não a ideia de uma nostalgia da origem: a meta aqui é a do método, a saber, o método de se pensar a partir dessa noção de origem articulada ao tempo-agora. Cf. a nota ao M 26 sobre o conceito de origem, *Ursprung*, em Benjamin.

50 Há duas teses marcadas com número XII, o que aponta para o estado provisório dessas teses, sempre em forma aberta de *work in progress*. O início dessa tese corresponde à tese XIV de T1, T2 e T4. A segunda parte desta tese, a partir de "explosão" foi incorporada nas demais versões à tese XVII.

51 "Medium": no original consta também "Medium", sendo que em alemão existe também o termo "Mittel" que seria o mais usual para indicar "meio". Benjamin já utilizara esse termo em sua tese de doutorado sobre *O conceito de crítica de arte no romantismo alemão*: "A reflexão constitui o absoluto e ela o constitui como medium" ("Die Reflexion konstituiert das Absolute, und sie konstituiert es als Medium"). W. Benjamin, *O Conceito de Crítica de Arte no Romantismo Alemão*, tradução, introdução e notas Márcio Seligmann-Silva, São Paulo: Iluminuras/ EDUSP, 1993, p. 45. Assim como nos românticos, em Benjamin também o absoluto é constituído apenas na própria exposição filosófica; o tratado organiza alguns elementos do mundo fenomênico para salvá--los através da própria construção das Ideias num determinado

Sobre o conceito de História 53

aquele que vem preenchido pelo "tempo-agora". Onde o passado está carregado com esse material explosivo, ~~o materialismo histórico~~ |a pesquisa materialista| acende o pavio no *continuum* homogêneo e vazio da história.[52] Nesse processo se prepara a explosão de uma época para fora desse *continuum*. Assim arranca-se uma vida da época, e um trabalho isolado, de uma obra completa.[53] O ganho desse procedimento consiste em preservar e ao mesmo tempo se superar[54] ~~no~~ trabalho isolado a obra completa,

---

momento histórico. Esse modelo epistemológico é retomado no Benjamin tardio na sua doutrina da escrita materialista da história. Em suas "Imagens do pensamento", ele anotou no fragmento "Escavar e recordar": "A língua tem indicado inequivocamente que a memória não é um instrumento para a prospecção do passado; é, antes, o *medium*. É o *medium* onde se deu a vivência, assim como o solo é o *medium* no qual as antigas cidades estão soterradas. Quem pretende se aproximar do próprio passado soterrado deve agir como um homem que escava." *Rua de mão única*, op. cit., p. 245, tradução modificada.

52 "Explosivstoff" (material explosivo) e "Zündschnur" (pavio): as bombas de dinamite (bastante usadas pelos anarquistas e revolucionários) explodiam graças ao "fusível", tipo de pavio que cria um tempo maior entre a ignição e a explosão. Também o verbo "heraussprengen", usado na tese XII e XIII, refere-se à explosão, detonação. Benjamin o traduziu para "saper", "minar", na versão francesa.

53 "Werk" e "Lebenswerk": enquanto o primeiro é um trabalho ou uma obra (por exemplo, de arte, mas não apenas), o segundo termo aponta para a totalidade de uma obra, de uma criação, de um trabalho, como no inglês "life's achievement" ou o *œuvre* francês.

54 "preserva...superar...", os termos são "aufgewahrt", derivado de "wahren" (proteger, preservar, salvaguardar) e "aufgehoben", de "aufheben" (também "superar", "suprimir", "libertar", termo impregnado pela filosofia hegeliana).

54   Walter Benjamin

na obra completa a época e na época o período inteiro da história. O fruto nutritivo do que é compreendido historicamente traz o tempo em seu interior, como uma semente[55] preciosa mas ~~contudo~~ desprovida de sabor.

XIII[56]

A consciência de fazer explodir o *continuum* da história é própria das classes revolucionárias no momento de sua ação. A grande Revolução compreendia-se como uma

---

55 A metáfora do fruto e da semente já aparecia em "Die Aufgabe des Übersetzers" ("A tarefa do tradutor", 1921). Vale notar que essa metáfora tem uma longa e complexa história na obra de Benjamin e remonta a seus estudos de Filosofia. No seu ensaio sobre o drama barroco alemão ele desenvolve um conceito de "História natural" (*Gesammelte Schriften*, org. por R. Tiedemann e H. Schweppenhäuser, Frankfurt a.M.: Suhrkamp Verlag, vol. I, 1974, p. 227) que pode ser compreendido com base no conceito escolástico de *natura naturans*. A ideia que está na base desta concepção é a definição aristotélica de natureza como "a substância das coisas que têm o princípio do movimento em si próprias". (*Metafísica*, V, 4, 1015a 13.) Mas Benjamin se apropria não de uma versão escolástica original, mas sim de sua transformação botânica e mística realizada por Goethe e sintetizada em seus conceitos de *Urphänomen*, proto-fenômeno, e de *Urpflanze*, proto-planta. Cf. o fragmento do trabalho das *Passagens* no qual o próprio Benjamin esclarece isso ao mostrar como a sua concepção de origem (*Ursprung*) deriva da noção de *Urphänomen* de Goethe. (*Gesammelte Schriften, Das Passagen-Werk*, org. por R. Tiedemann e H. Schweppenhäuser, Frankfurt a.M.: Suhrkamp Verlag, vol. v, 1982, p. 577, fragmento N, 2a4) Cf. M. Seligmann-Silva, *Ler o Livro do Mundo. Walter Benjamin: romantismo e crítica poética*, São Paulo: Iluminuras/FAPESP, 1999, p. 142.

56 Esta tese corresponde à tese XV das demais versões.

Sobre o conceito de História   55

Roma ressurgida, e introduziu um novo calendário. O dia que dá início a um calendário funciona como uma câmera rápida[57] da história. E no fundo é esse mesmo dia que retorna sempre, sob a forma dos feriados, dias de reminiscência. Portanto, os calendários não contam o tempo do mesmo modo que os relógios. São monumentos de uma consciência histórica, ~~de que~~ da qual, há mais de cem anos, não parece haver restado o menor traço na Europa. Ainda na Revolução de Julho houve um caso em que essa consciência ~~subitamente veio à tona.~~ |~~irrompeu~~| ~~Quando a noite do primeiro dia de combate chegou repentinamente~~ ~~irrompeu.~~[58] Quando a noite do primeiro dia de combate

---

57 *Zeitraffer* (câmera rápida) e *Zeitlupe* (câmera lenta) são os dois truques mais difundidos no cinema pré-moderno, que Benjamin comentou em diversas ocasiões.

58 "Irrompeu" traduz "zum Durchbruch kam". Na versão seguinte a esta, o chamado "Handexemplar" de Benjamin, ou seja, a sua cópia pessoal, identificada com a sigla T1 pelo editor Raulet, Benjamin ao invés dessa expressão escreveu "zu seinem Recht gelangte", ou seja, "fez valer o seu direito". Ele manterá essa segunda fórmula nos demais manuscritos. No entanto, é importante registrar esse uso do termo "Durchbruch", irrupção, um conceito que indica uma concepção ao mesmo tempo trágica e somática do devir e da história. O irromper de uma consciência histórica está associado aqui ao ato de fazer explodir o tempo na revolução, o que pode ser associado à concepção aristotélica do momento de virada da tragédia, a peripécia. Antes de usar "irromper", como ficamos sabendo por meio deste manuscrito, ele havia anotado "subitamente veio à tona", "plötzlich zutage trat". Esse tempo do agora, *Jetztzeit*, da irrupção, é também o do estado de exceção positivo que irrompe destruindo a história dos ven-

56 — Walter Benjamin

~~começou~~ |chegou|, aconteceu que, em mais de um lugar de Paris, de maneira independente e ao mesmo tempo, tiros foram disparados contra os relógios das torres. Então uma testemunha ocular, que talvez deva a sua clarividência às rimas, escreveu: "Qui les croirait! on dit qu'irrités contre l'heure,/De nouveaux Josués, au pied de chaque tour,/Tiraient sur les cadrans pour arrêter le jour."[59]

XIV[60]

|O ~~materialismo~~ materialista histórico| ~~A dialética materialista~~ não pode abdicar do conceito de um presente que não seja transição, mas no qual o tempo parou e se suspendeu.[61] Pois |esse conceito| define ~~exatamente~~ precisamente ~~o~~ presente em que cada história é ~~por ele escrita~~ escrita por ele. O historicismo apresenta a imagem "eterna" do passado, o materialista histórico tem com ele uma experiência única. Ele deixa aos outros a função de se aca-

---

cedores que vimos acima na tese VI deste manuscrito de Hannah Arendt (M HA).

59 "Quem diria! Irritados contra as horas, / Novos Josués, aos pés de cada torre, / Atiravam contra os relógios, para deter o tempo." A fonte de Benjamin é: Barthélemy et Méry. *L'insurrection. Poème dedié aux Parisiens*. Paris: Dénain, 1830, p. 22. Josué foi o primeiro dos profetas e o responsável por liderar as guerras que levaram ao assentamento do povo Hebreu na Palestina.

60 Essa tese corresponde à tese XVI das demais versões, mas está ausente da versão francesa.

61 Aqui "se suspendeu" traduz "zum Stillstand gekommen ist". Na tese seguinte, Benjamin retoma e aprofunda esse conceito de "suspensão". Sobre a tradução de "Stillstellung" por "suspensão" cf. a nossa nota final a M 19.

Sobre o conceito de História 57

barem no bordel do historicismo com a puta do "era uma vez". Ele se mantém senhor de suas forças: viril o bastante para fazer explodir o *continuum* da história.[62]

XV[63]

O historicismo culmina com razão na História Universal. Talvez mais do que de qualquer outra, a historiografia materialista se afasta dela em seu método. A História Universal não tem uma armadura[64] teórica. Seu procedimento é aditivo: ela usa a massa dos fatos para preencher o tempo homogêneo e vazio. Já o fundamento da historiografia materialista, por sua vez, é um princípio construtivo. O pensar envolve não apenas o |movimento dos pensamentos, mas também a sua suspensão.| ~~o movimento |como também| a suspensão dos pensamentos do mesmo modo~~. Onde quer que o pensar se detenha subitamente numa constelação saturada de tensões, ele transmite ~~ao seu objeto~~ a esta um choque |graças ao qual| ~~em que~~ ela se ~~constitui~~ |cristaliza| em mônada.[65] ~~O materialista his-~~

---

62 Esta tese corresponde também a uma passagem antes incluída no ensaio "Eduard Fuchs, o colecionador e o historiador". *Gesammelte Schriften*, vol. II., op. cit., p. 468.

63 Esta tese corresponde à tese XVII das demais versões.

64 O termo "Armatur" é usado para descrever estruturas como as do concreto, mas também é a vestimenta militar. Na linguagem de engenharia, a armadura se distingue da simples armação, sendo mais usada para estruturas complexas de concreto, tais como as usadas por Niemeyer em Brasília.

65 Aqui temos variações entre as versões: em M HA, T 1 e T 3 quem se cristaliza em mônada é a constelação, em T 2 e em T 4 é o pensar que o faz. Nesta passagem pode-se reconhecer com certa

facilidade como Benjamin traduz para o campo histórico e epistemológico-crítico um procedimento descrito por ele mesmo com relação ao teatro de Brecht. Em seu texto de 1931 "Que é o teatro épico", ele anotou: "O teatro épico é gestual. [...] Resulta daí uma conclusão importante: quanto mais frequentemente interrompemos o protagonista de uma ação, mais gestos obtemos. Em consequência, para o teatro épico a interrupção da ação está no primeiro plano. Nela reside a função formal das canções brechtianas, com seus estribilhos rudes e dilacerantes. [...] O teatro épico não reproduz, portanto, condições, mas as descobre. A descoberta das condições processa-se pela interrupção dos acontecimentos. O exemplo mais primitivo: uma cena de família. De repente, entra em cena um estranho. A mulher estava prestes a amassar um travesseiro, para jogá-lo na filha; o pai estava prestes a abrir a janela, para chamar a polícia. Nesse momento, aparece na porta um estranho. Tableau, como se costumava dizer, no princípio do século. Ou seja: o estranho se depara com certas condições — travesseiro amarfanhado, janela aberta, móveis destruídos. Mas existe um olhar diante do qual mesmo as cenas mais habituais da vida burguesa apresentam um aspecto semelhante. Quanto maiores as devastações sofridas por nossa ordem social (e quanto mais somos afetados por elas, juntamente com nossa capacidade de explicá-las), tanto mais marcada será a distância mantida pelo estranho." (W. Benjamin, *Magia e técnica, arte e política*, op. cit., p. 85-87) O historiador materialista histórico é aquele que possui presença de espírito para perceber o momento de se gritar "Tableau", ou seja: congela, quadro, interrompendo assim o curso da história, agarrando a oportunidade revolucionária na luta contra as políticas de esquecimento e ao mesmo tempo revelando as tensões que subjazem toda relação de classes. Ele permite realizar o "Verfremdungseffekt", efeito de estranhamento, que está na base do método de Brecht. Não por acaso Benjamin fala de um estranho em seu exemplo aqui citado. Esse procedimento rompe com o ilusionismo do teatro clássico, assim como Benjamin visa romper com a falsa narrativa do historicismo. Sobre a interrup-

Sobre o conceito de História 59

~~tórico só e tão somente aborda um assunto~~ O materialista histórico só e tão somente aborda um objeto histórico quando ele se lhe apresenta enquanto mônada. Nessa estrutura ele reconhece o signo de uma suspensão messiânica do acontecido; dito de outro modo, uma oportunidade revolucionária na luta em favor do passado reprimido.[66] Ele percebe nela a ocasião para fazer explodir uma época específica para fora do curso homogêneo da história; assim ele arranca uma vida determinada de uma época; assim, um trabalho determinado de uma obra completa. O ganho desse seu procedimento consiste em preservar e ao mesmo tempo se superar <u>no</u> trabalho isolado a obra completa, <u>na</u> obra completa a época e <u>na</u> época o período

---

ção no pensamento de Benjamin cf. também minha nota à tese XVIII de T1.

66 Aqui "reprimido" traduz "unterdrückt", termo de forte carga psicanalítica (que indica uma espécie de recalcamento, *Verdrängung*, de tipo consciente) e que, como na noção que vimos acima de "Durchbruch", remete a uma visão da história como *Pathosgeschichte*, ou seja, história das paixões e de emoções represadas e que rompem diques. A história reprimida é também a história vítima do negacionismo, típica do historicismo e de seus representantes fascistas de ontem e hoje. Nesse ponto também pode-se estabelecer uma ponte entre a teoria da história de Benjamin e a do historiador da arte Aby Warburg, com sua história da arte pensada como história de aparições e recalcamentos de certas fórmulas patéticas, *Pathosformeln*. Cf. quanto a essa teoria de Warburg e suas relações com a teoria das pulsões de Freud, G. Didi-Huberman, *L'image survivante. Histoire de l'art et temps des fantômes selon Aby Warburg*. Paris: Minuit, 2002.

60 *Walter Benjamin*

inteiro da história.[67] O fruto nutritivo do que é compreendido historicamente traz o tempo em seu <u>interior</u>, como uma semente preciosa, mas desprovida de sabor.

XV[68]

Vendo de perto, o que está na base do historicismo é a empatia.[69] Fustel de Coulanges apela para ela, quando recomendava ao historiador que quisesse reviver uma época, que deveria eliminar da cabeça tudo o que soubesse do que ocorreu posteriormente a ela.[70] Não se pode dar melhor definição do método a que o materialista se contrapõe. – O historicismo se contenta em estabelecer um nexo causal entre diferentes momentos da história. Mas nenhum fato é histórico por conta de ser uma causa. Ele se torna isso postumamente, através de eventos que podem estar separados dele por milênios. O historiador que parte dessa concepção

---

67 Toda essa passagem sobre o método do materialista histórico estava presente de modo muito próximo ao que se lê aqui nesta tese no referido ensaio "Eduard Fuchs, o colecionador e o historiador". *Gesammelte Schriften*, vol. II., op. cit., p. 468.

68 A numeração se repete aqui, com dois números XV, sendo que esta tese corresponde em parte à tese VII das demais versões e, a partir de "O historicismo se contenta", à tese "A" de T4.

69 Sobre a empatia em Benjamin cf. nota à tese VII da VF.

70 Em *Passagens* Benjamin cita essa mesma frase do historiador francês Fustel de Coulanges (1830-1889) a partir de Julien Benda (*Un régulier dans le siècle*, Paris: Gallimard, 1938, p. 110): "Si vous voulez revivre une époque, oubliez que vous savez ce qui s'est passé après elle." "Se quiserdes reviver uma época, esquecei tudo que sabeis sobre o que se passou depois dela." (*Passagens*, op. cit., p. 514, fragmento N 8a, 3)

Sobre o conceito de História   61

desiste de deslizar a sequência de eventos entre os dedos como se fossem as contas de um rosário. Ele apreende a constelação, na qual sua própria época entra em contato com uma época anterior, totalmente determinada.[71] Ele funda assim um conceito de presente como o "~~agor~~" "tempo-agora", atingido por estilhaços do messiânico.

[XV ~~XIa IIIa~~] IIa[72]

O cronista, que narra os acontecimentos[73] sem distinguir os grandes dos pequenos, ~~dá uma boa ideia~~[74] ~~de~~ |leva em conta a verdade| de que nada do que já ocorreu pode ser considerado perdido para a história.~~Mas~~ Decerto, apenas a uma humanidade redimida cabe a totalidade do seu passado. Isso quer dizer: somente para uma humanidade redimida

---

71 Essa apreensão da constelação composta pelo agora em que o historiador entra em contato com uma época anterior determinada, também foi formulada por Benjamin no antes mencionado (na primeira nota à segunda tese de número XII aqui de M HA) fragmento "Escavar e recordar" de suas "Imagens do pensamento": "E se ilude, privando-se do melhor, quem só faz o inventário dos achados e não sabe assinalar no terreno de hoje, local e posição em que é conservado o velho. Assim, verdadeiras recordações devem muito menos proceder informativamente do que indicar o lugar exato onde delas se apoderou o investigador." *Rua de mão única*, op. cit., p. 246.

72 Essa tese corresponde à tese III das demais versões.

73 "Ereignisse", acontecimentos. É interessante notar que em T1 nessa passagem, que corresponde à tese III, Benjamin havia primeiro escrito "Erkenntnisse", conhecimentos, saberes, que depois ele rasurou e substituiu por "Ereignisse".

74 Aqui "ideia" traduz "Begriff" e não "Vorstellung".

62 Walter Benjamin

o seu passado ~~|a sua existência inteira|~~ pode ser citável em cada um dos seus momentos. Cada um de seus instantes vividos se tornará uma citation à l'ordre du jour[75] ~~famosa~~ – dia esse que é justamente o do juízo final.[76]

---

75 Expressão francesa: à ordem do dia. Sobre o conceito e a importância da "citação" em Benjamin cf. as minhas notas nos "Manuscritos: Esboços e versões" aos fragmentos M 19 e M 44.

76 Aqui temos a utopia mnemônica de Benjamin apresentada com todas as suas letras. Essa apropriação integral do passado, garantida apenas à uma humanidade redimida, ele também discutiu tanto no seu ensaio sobre Leskov ("O narrador", in: *Magia e técnica, arte e política*, o. cit., p. 233) como nos fragmentos de *Passagens* (op. cit., p. 501, fragmento N 1a, 3) sob o conceito de Orígenes (184-253) de "apocatastasis", apocatastase. Esse conceito remete à ideia de restituição ou restauração da constituição original, que por sua vez, no judaísmo hassídico associa-se ao conceito de "tikun olam" (reparação do mundo). Gershon Scholem, o grande amigo de Benjamin e com quem este aprendeu muito sobre a mística judaica e sobre a doutrina de Isaac Lúria (1534-1572), resumiu assim a soteriologia deste último: "concretizar o tikun e o correspondente estado do cosmo é precisamente o alvo da redenção. Na redenção [...] tudo [é] restituído ao seu lugar pela magia secreta dos atos humanos [...] o tikun não é tanto uma restauração da Criação [...] quanto a sua primeira realização plena. [...] Pois o que traz a Redenção não é um ato do Messias na qualidade de executor do tikun, de uma pessoa encarregada da função específica da redenção, mas sim a ação que você comete e eu também." (*A cabala e seu simbolismo*, trad. Hans Borger e J. Guinsburg, S. Paulo: Perspectiva, 1978, p. 140-141)

Sobre o conceito de História

XVII[77]

"Os míseros cinquenta mil anos do homo sapiens", diz um biólogo contemporâneo, "comparados com a história da vida orgânica na terra representam cerca de dois segundos no final de um dia de vinte e quatro horas. Segundo essa medida ~~se fizermos a conta certa~~, a história da humanidade civilizada preencheria um quinto do último segundo da última hora."[78] O "tempo-agora", que concentra numa abreviação monstruosa a história de toda a humanidade como um modelo do messiânico, coincide precisamente com a figura da história humana no universo.

---

77 Essa tese corresponde à tese XIX de T1, de T3 e da versão francesa e à XVIII de T2 e de T4.

78 Não se sabe qual a origem dessa citação.

<<T1>>
<Sobre o conceito de História –
Cópia pessoal de Benjamin>[1]

1   Trata-se de uma versão datilografada (e não de um manuscrito, como o M HA) provavelmente por Benjamin na França. Estava entre os papeis que ele pediu para Georges Bataille guardar quando teve que fugir de Paris no início do verão europeu de 1940. Em 1945 Bataille passou esses papeis para Pierre Missac (amigo de Benjamin), solicitando que ele os encaminhasse a Adorno, o que ele cumpriu apenas em 1947, fazendo-os chegar a Nova York. Estranhamente este documento, a versão T1 das teses, não foi passada a Missac e ficou com Bataille (decerto por amor fetichista a um texto tão precioso em ideias). A viúva de Bataille repassou esse manuscrito para Giorgio Agamben em 1981. Trata-se de uma versão muito importante, até agora iné-dita em português, como a M HA e a versão francesa. Agamben descreveu o manuscrito com as seguintes palavras: "Trata-se de um texto datilografado sem título de 20 folhas (de formato 21 X 21 cm) com numerosas correções à mão feitas por Benjamin. Bem no alto da primeira folha Benjamin escreveu à esquer-da: *Handexemplar* (sublinhado)." (Benjamin, *Über den Begriff der Geschichte. Werke und Nachlaß. Kritische Gesamtausgabe*, Frankfurt. A. M.: Suhrkamp, vol. 19, 2010, p. 211) Cada folha contém ape-nas uma tese. Os números das teses estão riscados e percebe-se a intensão de Benjamin de reestabelecer, nesta sua versão pes-soal, a ordem de apresentação das teses. (Para facilitar a remis-são às teses desta versão *sublinhamos* um dos números, quando Benjamin deixou aberta as opções.) Este exemplar não contém o eszett alemão (ß), que se encontra substituído pelo "ss", assim como os tremas foram substituídos pela introdução de um "e" após as vogais ("Ueberlieferung" ao invés de "Überlieferung"), o que indica que a máquina usada era provavelmente francesa e

Cópia pessoal[2]

I

Sabe-se que deve ter existido um autômato[3] construído de tal sorte que, a cada movimento de um enxadrista, contra-atacava com outro lance, o que lhe garantia a vitória na partida. Um boneco em trajes de turco, com um narguilé na boca, sentava-se ante do tabuleiro que ficava sobre uma ampla mesa. Através de um sistema de espelhos, criava-se a ilusão de que a mesa era transparente por todos os lados. Na verdade, havia um anão corcunda escondido dentro, o qual era um mestre no xadrez e manipulava com fios as mãos do boneco. É possível então imaginar uma contrapartida filosófica desse aparato. O boneco chamado "Materialismo Histórico" há de vencer sempre. Sem dúvidas, ele está à altura de qualquer adversário se tomar a teologia a seu serviço, ela que é hoje pequena e feia e, de qualquer maneira, não se deixa ver.

II

"Dentre os traços mais notáveis da natureza humana", diz Lotze, "encontra-se ao lado de tanto egoísmo no particular uma ausência de inveja, no geral, do presente em

---

não alemã. O mesmo ocorre com T2 e T3. Já T4 foi feito nos EUA, mas com uma máquina que possuía ß.

2   Segundo Giorgio Agamben, trata-se de uma inserção da mão de Benjamin.

3   Sobre este autômato, cf. notas à tese I de M HA.

Sobre o conceito de História

relação ao seu futuro."[4] Essa reflexão nos leva a entender que a imagem de felicidade, que acalentamos, está inteiramente tingida pela época em que transcorre ~~a vida~~ |a própria existência|[5] que nos cabe. A felicidade que poderia ter despertado inveja em nós existe apenas no ar que respiramos, nas pessoas ~~às quais~~ |com quem| poderíamos ter falado, nas mulheres que poderiam ter se ~~oferecido~~ dado[6] a nós. Em outras palavras, a representação de felicidade se associa, de modo indissolúvel, à de redenção. Com a representação do passado, de que a história faz seu objeto, ocorre o mesmo. O passado traz consigo um índice ~~temporal~~ secreto[7] que o remete à redenção.[8] |Será que não passa ~~primeiro~~ por nós ~~de vez em quando~~ o alento de um ar que esteve com os antepassados? Não haverá nas vozes que nos chegam ~~de vez em quando~~ <?> aos ouvidos um eco dos que agora estão mudos? Não têm as mulheres, que agora cortejamos, irmãs que ~~nós~~ elas já não puderam

---

4   Cf. nota de rodapé referente a esta passagem em M HA quanto a essa frase de Hermann Lotze.

5   A palavra "vida", "Leben", foi riscada várias vezes e substituída por "existência", "Dasein", termo que reencontramos em T2, T3 e T4.

6   Essa alteração de "oferecido" para "dado" foi mantida em T2, T3 e T4.

7   Em T2 e T3 consta "índice secreto", em T4 consta "índice temporal", nessa passagem. Quanto ao conceito de "secreto" cf. nota à tese II de M HA.

8   A seguinte interpolada introduzida aqui a mão em T1, de "Será que não" até "Se é assim" não consta em M HA nem em T4, mas consta à máquina em T3. Em T2 ela também se encontra introduzida a mão.

conhecer? Se é assim, ~~l~~existe ~~então~~ um encontro secreto[9] entre as gerações passadas e a nossa. ~~Nós~~ Então |nós| éramos aguardados sobre a Terra. Então foi-nos dada, bem como a todas as gerações que nos precederam, uma *tênue* força messiânica, à qual o passado reivindica. O mais correto é não abrir mão dessa reivindicação. O materialista histórico sabe disso.

~~XVI~~<?>III III<?>

O cronista, que narra os ~~conhecimentos~~ |acontecimentos|[10] sem distinguir os grandes dos pequenos, leva em conta a verdade de que nada do que já ocorreu pode ser considerado perdido para a história. Decerto, apenas a uma humanidade redimida cabe a totalidade do seu passado. Isso quer dizer: somente para uma humanidade redimida o seu passado pode ser citável em cada um dos seus momentos. Cada um de seus instantes vividos se tornará uma citation à l'ordre du jour[11] – dia esse que é justamente o do juízo final.[12]

~~III~~ IV IV<?>

> "Lutai primeiro por alimentação e vestuário, que o Reino de Deus virá então por conta própria."

---

9 Cf. nota de rodapé referente a esta passagem em M HA.

10 Cf. nota de rodapé referente a esta passagem em M HA na tese IIa.

11 Expressão francesa: à ordem do dia. Sobre o conceito e a importância da "citação" em Benjamin cf. as minhas notas nos "Manuscritos: Esboços e versões" aos fragmentos M 19 e M 44.

12 Cf. nota de rodapé referente a esta passagem em M HA na tese IIa.

Sobre o conceito de História 69

Hegel 1807[13]

A luta de classes, que está sempre na mirada de um historiador escolado em Marx, é uma luta pelas coisas brutas e materiais, sem as quais não existem as refinadas e espirituais. Essas últimas, contudo, devem ser postas na luta de classes diferentemente daquela representação de um espólio que cabe ao vencedor. Elas se mantêm vivas nessa luta, como confiança, coragem, humor, astúcia, constância e seguem agindo até mesmo no passado distante. Elas sempre vão colocar em questão novamente toda vitória ~~devida~~ | que coube| aos dominantes. ~~Na estufa do historicismo~~, como flores que voltam suas faces em direção ao sol, o ocorrido luta, graças à força de um heliotropismo de tipo secreto, para voltar-se *ao* sol que se levanta no céu da história. O materialista histórico deve estar apto a entender essa que é a mais imperceptível das mudanças.

~~IV~~ V V <?>

A verdadeira imagem do passado escapa *rápido*. Só podemos apreender o passado como imagem que, no instante de sua cognoscibilidade, relampeja e some para sempre. "A verdade não escapará de nós" – essa frase, de Gottfried Keller,[14] descreve o lugar exato em que o materialismo histórico rompe com a imagem que o historicismo tem da história. Pois se trata de uma imagem irrecuperável do passado, que ameaça desaparecer com cada presente, que não se reconheceu visado por ela. |[|A boa nova, que o

---

13   Cf. nota de rodapé referente a esta passagem em M HA tese III.

14   Cf. nota de rodapé referente a esta passagem em M HA tese IV.

historiador do passado porta com pulsações velozes, vem de uma boca que, talvez no instante mesmo em que se abre, fala no vazio.|]|[15]

V̶<?>VI VI<?>

Articular o passado historicamente não significa conhecê--lo "como ele foi de fato".[16] Significa apoderar-se de uma recordação, tal como ela relampeja no instante de um perigo. Para o materialismo histórico, trata-se de capturar uma imagem do passado tal como ela, no instante do perigo, configura-se inesperadamente ao sujeito histórico.[17] O perigo ameaça tanto a sobrevivência da tradição quanto os seus destinatários. Para ambos ele é um e o mesmo: entregar-se como ferramenta da classe dominante. Em cada época, deve-se tentar novamente liberar a tradição de um novo conformismo, que está prestes a subjugá-la. Pois o Messias não vem apenas como Redentor, ele vem como o vencedor do Anticristo. Apenas tem o dom de atiçar no passado aquelas centelhas de esperança *o* historiógrafo atravessado por esta certeza: nem os mortos estarão em segurança se o inimigo vencer. E esse inimigo não tem cessado de vencer.

VIa

---

15 Esta última e impressionante frase consta apenas nesta versão, em M HA e em T4 sendo que aqui foi colocada a mão entre colchetes vermelhos.

16 Cf. no M HA, tese V, nota referente a esta citação de Leopold von Ranke.

17 Cf. nota à tese V de M HA assim como o fragmento M 27.

Sobre o conceito de História

VII

"Considera a escuridão e o forte frio
Neste vale onde ecoa a miséria."
(Brecht, Die Dreigroschenoper)
(Ópera dos três vinténs)[18]

Fustel de Coulanges recomendava ao historiador que quisesse reviver uma época, que ele tirasse da cabeça tudo o que soubesse do que ocorreu posteriormente a ela.[19] Não se pode dar melhor definição do procedimento a que o materialista histórico se contrapõe. É um procedimento de empatia. Sua origem é a inércia do coração, a acedia, que falha em capturar a autêntica imagem histórica, que relampeja fugaz.[20] Para os teólogos medievais, a acedia era

---

18 Aqui Benjamin cita os dois versos finais da "Ópera dos três vinténs" de Bertold Brecht, peça que estreou em Berlim em 31 de agosto de 1928.

19 Benjamin cita essa mesma passagem no início de sua segunda tese de número XV do M HA. Cf. a nota que introduzimos lá.

20 A acedia impede que o historiador apanhe a imagem histórica autêntica que "relampeja fugaz", "*flüchtig*". Esse elemento fugaz das imagens históricas estabelece uma complementaridade com a tarefa salvífica do historiador, do mesmo modo que ocorria com o alegorista, seja no ensaio de Benjamin sobre o barroco ou nos seus trabalhos e fragmentos sobre Baudelaire. No ensaio sobre o drama barroco alemão ele escreveu sobre a origem da alegoria: "Na sequência dessa literatura [romana tardia], o mundo dos deuses antigos teria morrido, quando na verdade foi a alegoria que o salvou, se pensarmos que a visão de transitoriedade [*Vergänglich*] das coisas e a preocupação de as salvar para uma eternidade é um dos mais fortes motivos do fenômeno alegórico. Na arte, bem como

na ciência e na política, não havia na alta Idade Média nada que pudesse ser posto ao lado das ruínas deixadas pela Antiguidade em todos os domínios. Naquela época, a consciência da caducidade [*Vergänglichkeit*] resultava inexoravelmente de uma percepção sensível, e alguns séculos mais tarde, no período da Guerra dos Trinta Anos, a mesma necessidade se impôs ao homem europeu. Mas temos que notar que aquilo que terá tornado essa experiência mais amarga não terão sido as atrocidades palpáveis, mas sim a mudança das normas jurídicas com a pretensão de eternidade, particularmente evidentes em tais épocas de transição. A alegoria instala-se de forma mais estável nos momentos em que o efêmero [*Vergänglichkeit*] e o eterno mais se aproximam." (*Origem do drama trágico alemão*, op. cit., p.241) Que a visão de mundo que Benjamin projetou no Barroco tem muito a ver com a sua própria visão, isso é evidente. Daí a sua volta ao estudo da alegoria no século XIX, sobretudo em seus estudos de Baudelaire. A visão de história do Barroco é a da decadência, da fugacidade mais próxima da desaparição. É dessa eminência de desaparição que surge o aguilhão alegórico. Nesse sentido pode-se aproximar o princípio da alegoria ao das imagens dialéticas: ambas nascem desse estado de efemeridade do histórico e de busca da sobrevivência e da eternidade. O alegórico trabalha para salvar o mundo, a imagem dialética, para projetar o mundo para fora da história como catástrofe numa salvação messiânica que redime a história universal. Nesse sentido, Benjamin retoma nas suas teses uma ideia que também concebera em seu pequeno "Fragmento teológico-político", de início dos anos 1920. Lá lemos: "Pois a natureza é messiânica a partir de sua eterna e total fugacidade [*Vergängnis*]." (*Gesammelte* Schriften, vol. II., op. cit., p, 204) No *Passagens* o tema da efemeridade em seu jogo com a eternidade reaparece com força e também no contexto de uma nova teoria da alegoria: "A experiência da alegoria que se apega às ruínas é, na verdade, a da fugacidade [*Vergängnis*] eterna." (*Passagens*, op. cit., p. 393, J 67, 4) Essa efemeridade e fugacidade da vida e do histórico também se manifesta no poema de Brecht "Do pobre B. B."

Sobre o conceito de História   73

o fundamento da tristeza.[21] Flaubert, |que a| ~~experimen-tou~~ |conhecia| ~~como tal~~ de perto, escreveu: "Peu de gens devineront combien il a fallu être triste pour ressusciter Carthage".[22] A natureza dessa tristeza se tornará mais evidente quando nos perguntamos com quem propriamente

---

que Benjamin cita e comenta (cf. nota à tese XII deste mesmo T1) e reaparece em vários dos manuscritos: M3, M32, M38 e M40. Em meio à catástrofe infinita da Segunda Guerra Mundial Benjamin repagina a sua teoria da alegoria nos termos das imagens dialéticas.

21   O tema da acedia aprece tanto no ensaio de Benjamin sobre o *Trauerspiel*, ou seja, o drama barroco alemão, como em seus estudos sobre Baudelaire. Em *Passagens*, nas notas sobre esse poeta, lemos: "Nota dos 'Fusées' [obra de Baudelaire]: 'O retrato de *Serenus*, por Sêneca; o retrato de *Stagirus*, por São João Crisóstomo. A *acedia*, doença dos monges. O *Taedium vitae*.'" (*Passagens*, op. cit., p. 337) No mesmo conjunto de notas sobre Baudelaire, Benjamin cita um trecho de seu ensaio sobre o drama barroco, justamente o que trata da acedia, o que mostra como esse tema da acedia voltou a ser importante no contexto de sua obra tardia. (Id., p. 414-415) A passagem que ele cita de seu livro sobre o *Trauerspiel* é parte do item "Acedia e infidelidade", que se inicia com uma interpretação da pedra que faz parte da famosa gravura "Melancolia" de Albrecht Dürer. A acedia é apresentada como "inércia do coração", como aqui nesta tese, e associada tanto à indecisão do tirano como à infidelidade do cortesão. Cf. *Origem do drama trágico alemão*, op. cit., p. 163. Nas palavras do historiador Yves Hersant, "na Grécia pagã, a *akèdia* designava, com seu *a* privativo, a dupla recusa de cuidado do outro e do cuidado de si: a negligência, a indiferença, o abandono dos mortos sem sepultura." ("L'acédie: essai de synthèse", in: *Humanistica*, II, 2007, p. 206)

22   "Poucas pessoas adivinharão quanta tristeza foi necessária para ressuscitar Cartago." Sobre a origem desta frase de Flaubert e sobre o conceito de "empatia" em Benjamin, cf. notas à tese VII da versão em francês.

o historiógrafo do historicismo tem empatia. A resposta é inevitavelmente l:l com o vencedor. Os que ora dominam são herdeiros de todos os que venceram. A empatia com os vencedores beneficia, portanto, sempre os que ora dominam. Isso diz tudo para o materialista histórico. Todos os que até hoje foram vencedores vão junto ao cortejo triunfal dos dominantes, que marcham sobre aqueles que jazem hoje no chão. Os espólios, como de costume, são levados no cortejo triunfal. São os chamados bens culturais. O materialista histórico os observa sempre com o devido distanciamento. Pois todos os bens culturais que ele contempla têm uma origem sobre a qual não pode refletir sem horror. Devem a sua existência não apenas ao esforço dos grandes gênios, que os criaram, mas também à corveia anônima dos contemporâneos destes. Não há um documento da cultura que não seja ao mesmo tempo um documento da barbárie.[23] E assim como a cultura não está livre da barbárie, assim também ocorre com o processo de sua transmissão, na qual ela é passada adiante. Por isso, na medida do possível, o materialista histórico dela se afasta ao máximo. Ele considera que a sua tarefa é escovar a história a contrapelo.[24]

---

23 Cf. a nota à tese VII da versão francesa com relação a essa frase fundamental.

24 Essa frase fundamental, a proposta de revisão total da história, do ponto de vista dos vencidos e oprimidos, leva a uma reconexão do trabalho histórico com a política. Essa tese nos instrumentaliza hoje para uma radical revisão da história do ponto de vista feminista, LGBTQ, decolonial e a todo projeto de reapoderamento do ocorrido em função das lutas no agora.

~~VI~~ VIII VII<?>

A tradição dos oprimidos nos ensina que o "estado de exceção" <<Ausnahmezustand>>|,| no qual estamos vivendo, é a regra.[25] Precisamos atingir um conceito de história que corresponda a esse dado. Então, veremos que a nossa tarefa é a de induzir ao estado de exceção efetivo; e desse modo, melhorará a nossa posição na luta contra o fascismo.[26] Este tem se aproveitado da situação favorável de que seus adversários se contrapõem a ele em nome do progresso como norma histórica. – O espanto ante o fato de que as coisas que vivemos no século XX "ainda" sejam possíveis não tem *nada* de filosófico. Ele não se encontra no início de um conhecimento, a não ser aquele que aponta para o fato de que a representação da história da qual ele deriva não pode ser sustentada.

~~VII~~<?> IX VIII

"Minha asa está pronta pro salto
Queria era voltar pra trás
Se eu ficasse então no tempo vivo
Teria menos sorte."
Gerhard Scholem: Saudação do Angelus[27]

---

25 Quanto ao conceito de "estado de exceção", *Ausnahmezustand*, cf. nossa nota à tese VI do M HA.

26 Cf. em M HA a nota à tese VI sobre a relação entre essas teses e o combate ao fascismo ontem e hoje.

27 Cf. nota introduzida na tese VII do M HA com relação a este poema.

Há um quadro de Klee que se chama Angelus Novus. Nele se apresenta um anjo que parece estar na iminência de afastar-se de algo que ele encara fixamente. Seus olhos estão arregalados, sua boca está aberta e suas asas estão estiradas. É assim que deve parecer o Anjo da História. Sua face se volta para o passado. Lá onde *nós* vemos surgir uma sequência de eventos, *ele* vê uma catástrofe única, que incessantemente empilha escombros sobre escombros e os lança a seus pés. Ele gostaria de se demorar, de despertar os mortos e reunir de novo o que foi esmagado. Mas uma tempestade sopra do paraíso, que se agarra às suas asas, e é tão forte que o Anjo já não as consegue mais fechar. Essa tempestade o leva inexoravelmente para o futuro, para o qual ele dá as costas, enquanto diante dele a pilha de escombros cresce rumo ao céu. Aquilo que chamamos de progresso é *essa* tempestade.

~~VIII~~ X X <?>

Os temas que as regras do claustro ordenavam aos monges para a meditação tinham por função torná-los hostis ao mundo e às suas tribulações. As reflexões que propomos aqui têm um intuito semelhante. No momento em que os políticos nos quais os adversários do fascismo tinham depositado suas esperanças caem por terra, agravando a derrota com a traição da sua própria causa, tais reflexões pretendem arrancar os rebentos da política[28] das malhas em que foram enredados por esses mesmos políticos. Essa consideração pressupõe que a fé teimosa

---

28 "Rebentos da política" traduz aqui a expressão "Weltkind". Sobre ela cf. a nossa nota à tese VIII de M HA.

Sobre o conceito de História

desses últimos no progresso, a sua confiança no "apoio das massas"[29] e, por fim, seu alinhamento obediente a um aparelho incontrolável, são os três lados de uma mesma questão. Procura-se assim dar uma noção do quanto *sai caro* aos nossos hábitos mentais buscar uma noção de história que evite toda cumplicidade com aquela a que tais políticos ainda se aferram.[30]

✷ XI

O conformismo, que desde o começo se sentiu em casa na socialdemocracia, adere não apenas a suas táticas políticas, mas também a suas ideias econômicas. Ele é uma das causas do seu posterior colapso. Não há nada que tenha corrompido mais a classe trabalhadora alemã do que a opinião de que ela estava nadando a favor da corrente. O desenvolvimento técnico era visto como a jusante da correnteza, com a qual ela nadava. Daí só faltava um passo para a ilusão de que o trabalho nas fábricas, que parecia seguir o curso do progresso técnico, representava uma conquista política. A antiga moral protestante do trabalho festejava a sua ressurreição em forma secularizada na classe trabalhadora alemã. O Programa de Gotha já evidenciava as marcas dessa confusão. Ele definia o trabalho como "fonte de toda riqueza e toda cultura."[31] Pressentindo o pior, Marx repli-

---

29   Com relação a essa confiança no apoio das massas cf. nossa nota à tese VIII de M HA.

30   Ao final desta tese, no canto direito, havia sido introduzido a mão "IXa".

31   Sobre essa frase e sobre o Programa de Gotha, cf. nota correspondente na tese IXa de M HA.

78 Walter Benjamin

cou a isso afirmando que o homem que não possui outra propriedade que a sua força de trabalho "torna-se necessariamente um escravo daqueles que se tornaram...proprietários."[32] Independente disso, a confusão se propaga, |e| pouco depois Josef Dietzgen anunciava: "O trabalho é o Salvador dos novos tempos...No aperfeiçoamento do trabalho...reside a riqueza que agora pode ser produzida e que nenhum Redentor jamais produziu".[33] Esse conceito característico de marxismo vulgar quanto ao que o trabalho é não leva em consideração em que medida os produtos podem afetar os trabalhadores, na medida em que estes não os têm à sua disposição. Ele quer admitir apenas o progresso do domínio da natureza, e não os retrocessos da sociedade.[34] Ele exibe já os traços tecnocráticos que depois se encontram no fascismo. Entre esses, há um conceito de natureza que se destaca de modo ameaçador das utopias socialistas anteriores ao março de 1848. O trabalho, como agora compreendido, visa a uma exploração da natureza, que é associada, de maneira ingênua e complacente, à exploração do proletariado. Comparada a essa concepção positivista[35], os delírios tão ridicularizados de um Fourrier revelam uma surpreendente vitalidade de sentido.[36] De acordo com Fourrier, o trabalho social bem organizado

---

32 Karl Marx, *Crítica ao Programa de Gotha*, op. cit.p. 26.

33 Sobre essa frase de Josef Dietzgen, cf. nota na tese IXa de M HA.

34 Sobre a crítica da técnica nesta tese cf. nota na tese IXa de M HA.

35 Em M HA aqui encontra-se uma interpolada após "positivista": "marxista vulgar."

36 Sobre Charles Fourier e seus falanstérios cf. nota na tese IXa de M HA.

Sobre o conceito de História 79

teria como consequência quatro luas iluminando a noite terrestre, o gelo retirando-se dos polos, a água do mar deixando de ser salgada, e os animais ferozes ficando a serviço dos homens. Isso tudo serve para ilustrar um trabalho que, longe de explorar a natureza, faz nascer suas criações, que dormem no seu ventre como possibilidades. Ao conceito corrompido de trabalho ~~eo~~ corresponde, como seu complemento, *a* natureza, a qual, como Dietzgen se expressou, "está aí de graça."[37]

~~IX~~ <?> XII X

> |"Precisamos da História <<Historie>>, mas precisamos dela de modo diferente do que o daquele ocioso mimado andando pelos jardins do conhecimento."
>
> Nietzsche, Vom Nutzen und Nachteil der Historie für das Leben.| (Vantagens e desvantagens da história para a vida)[38]

---

37 Sobre essa última citação de Josef Dietzgen cf. nossa nota ao final da tese IXa em M HA.

38 Nietzsche, *Unzeitgemäße Betrachtungen II: Vom Nutzen und Nachteil der Historie für das Leben*, in: *Kritische Studienausgabe*, org. G. Colli e M. Montinari, München: DTV/ Berlin-New York: Walter de Gruyter, 1988, p. 245. Assim como Nietzsche com a sua crítica radical ao culto reverente e asfixiante à história em sua época erigiu na segunda consideração intempestiva (de meados do século XIX) uma pedra de toque do pensamento histórico crítico, Benjamin retoma em meados do século seguinte esse mesmo gesto desconstrutor. Mas, diferentemente de Nietzsche, seu ideal não seria a possibilidade de um "esquecimento feliz", mas antes, a de um recordar de modo ativo e político do ponto de vista dos

O sujeito do conhecimento histórico é a própria classe oprimida combatente. Em Marx, ela aparece como a última classe escravizada, como aquela que se vinga, e que vai consumar o trabalho de libertação em nome de gerações de massacrados. Essa consciência, que esteve ativa durante o breve período da "Liga Spartacus",[39] foi sempre incômoda para a socialdemocracia. Ao longo de três décadas, ela quase conseguiu apagar o nome de um Blanqui, que soava retumbante no século passado. Ela preferiu atribuir à classe trabalhadora o papel de salvar as gerações *futuras*. Desse modo, cortou o tendão de suas melhores forças. A classe desaprendeu nessa escola tanto o ódio quanto a capacidade de sacrifício. Pois ambos se alimentam da imagem dos antepassados escravizados, e não do ideal dos descendentes libertos.[40] I[IA Revolução Russa sabia disso. O ditado "nenhuma glória para o vencedor, nenhuma compaixão para os vencidos" é penetrante, porque expressa mais a solidariedade com os irmãos mortos do que uma com os herdeiros.[41]I]I I[Se existe uma geração que deveria sabe-lo é a nossa: o que devemos esperar

---

vencidos. Benjamin busca retomar e atualizar a linhagem das revoltas e levantes escravos desde Espártaco.

39 Com relação à "Liga Spartacus" cf. nota à tese IX e M HA.

40 Com relação a esta tese no contexto da teoria da história de Benjamin e às variantes dessa tese cf. nota à tese IX em M HA.

41 Com relação a essa frase entre aspas cf. nossos comentários à tese IX em M HA. Em M HA a tese termina aqui e não possui a interpolada final, introduzida à mão. Na versão francesa consta um texto semelhante a M HA, em T2 e em T4 a tese termina aqui e T3 não possui esta tese.

Sobre o conceito de História   81

dos pósteros não é um agradecimento por nossos grandes feitos mas antes ~~a reminiscência de nossas derrotas~~ |uma| memória daqueles que sucumbiram.]|[42]

❌ <u>XIII</u> X <?>

> |"Nossa causa está cada dia mais clara e o povo cada dia mais esclarecido."
>
> Wilhelm Dietzgen, *Die Religion der Sozialdemokratie.* | (A Religião da Social-Democracia)[43]

---

42 Essa frase final que não consta na tese IX em M HA (mas está vertida na tese em francês XII) dá continuidade a uma ordem brechtiniana de pensamentos. Benjamin em seus "Comentários às obras de Brecht" também recorda o famoso poema de seu amigo "An die Nachgeborenen", "Aos pósteros". Ele cita dois versos do poema de Brecht "Do pobre B. B." e depois os comenta: "'Sabemos que somos efêmeros/ E depois de nós virá: nada digno de nota.' 'Efêmeros' (*Vorläufige*) – talvez fossem 'precursores' (*Vorläufer*); mas como poderiam, se não são seguidos por nada digno de nota? Não é tanto sua culpa se passarão à história sem nome e sem fama. (Dez anos mais tarde, o poema subsequente, 'An die Nachgeborenen' [Aos pósteros], retoma um pensamento similar.)" Benjamin, "Comentários sobre poemas de Brecht", in: *Ensaios sobre Brecht*, trad. Claudia Abeling, S. Paulo: Boitempo, 2017, p. 60, tradução modificada.

43 De modo equivocado, tanto aqui em T1, como em T3 e em T4 atribui-se essa citação ao texto *Religion der Sozialdemokratie* quando na verdade ela foi extraída de *Sozialdemokratische Philosophie* (*Filosofia socialdemocrata*; Dietzgen, *Sämtliche Schriften*, vol. I, op. cit., p. 176). Também o primeiro nome de Dietzgen está errado: não é Wilhelm, mas sim Josef. Lembremos que Benjamin não vi-

A teoria e, mais ainda, a práxis da socialdemocracia foram determinadas por um conceito de progresso que não se vinculava à realidade, mas antes a uma posição dogmática. Em primeiro lugar, a imagem do progresso que os socialdemocratas desenhavam era a do progresso da humanidade mesma (e não apenas de suas capacidades e conhecimentos). Em segundo lugar, ele era interminável (correspondente a um infinito aperfeiçoamento da humanidade). Em terceiro lugar, era tomado como um processo essencialmente irresistível (percorrendo automaticamente uma trajetória reta ou em espiral). Cada um desses predicados é controverso e é possível criticá-los um por um. Essa crítica deve, contudo, se quisermos chegar ao cerne da questão, ir além de tais predicados, e visar o que eles têm em comum. A ideia de um progresso da humanidade na história é inseparável da ideia de sua marcha em um tempo homogêneo e vazio. A crítica da ideia dessa marcha deve fundamentar a crítica da ideia de progresso em geral.

~~XII~~ XIV

> "A origem é a meta."
> Karl Kraus, Worte in Versen I
> (Palavras em Versos)[44]

---

sava publicar essas teses, muito menos do modo como elas se encontravam quando encontrou seu fim.

44 Cf. nota referente à esta citação na abertura da primeira tese XII em M HA.

Sobre o conceito de História 83

A história é objeto de uma construção cujo lugar é constituído não pelo tempo homogêneo e vazio, mas por aquele que vem preenchido pelo tempo-agora.[45] Assim, para Robespierre, a Roma antiga era um passado carregado de tempo-agora, que ele fez explodir do *continuum* da história. A Revolução Francesa compreendia-se como uma Roma ressurgida. Ela citava a Roma antiga exatamente como a moda cita um traje do passado. A moda tem o faro para o atual, onde quer que ele se mova no matagal do outrora. Ela é o salto de tigre em direção ao passado. Só que esse salto se dá numa arena comandada pela classe dominante. O mesmo salto, sob o céu livre da história, é o salto dialético, como Marx concebeu a Revolução.[46]

~~XIII~~ XV ~~XV~~ <?>

~~Uma~~ A consciência de fazer explodir o ~~continuum da história é própria das classes revolucionárias no momento de sua ação.~~[47] A Grande Revolução[48] ~~compreendia-se como uma Roma ressurgida, e~~ introduziu um novo calendário.

---

45 Com relação ao conceito de *Jetztzeit* e sua tradução cf. nota à primeira tese XII de M HA.

46 Sobre essa tese e sobre o conceito de "origem", cf. nosso comentário ao final da primeira tese XII em M HA e a nota final a M 26.

47 Essa primeira frase foi inteiramente riscada, mas em seguida aparentemente reaproveitada como indica um pontilhado inserido ao lado dela. Ela consta nas demais versões, sendo que em T3 lê-se: "Uma consciência de fazer explodir o *continuum* da história é própria dos dirigentes da Revolução no momento de sua ação."

48 Em T2, T3 e T4 falta esta passagem "compreendia-se como uma Roma ressurgida, e" que está rasurada aqui, mas não o está no M HA.

O dia que dá início a um calendário funciona como uma câmera rápida da história.[49] E no fundo é esse mesmo dia que retorna sempre, sob a forma dos feriados, dias de reminiscência. Portanto, os calendários não contam o tempo do mesmo modo que os relógios. São monumentos de uma consciência histórica, da qual, há mais de cem anos, não parece haver restado o menor traço na Europa. Ainda na Revolução de Julho houve um caso em que essa consciência ~~irrompeu~~ fez valer o seu direito.[50] Quando a noite do primeiro dia de combate chegou, aconteceu que, em mais de um lugar de Paris, e de maneira independente e ao mesmo tempo, tiros foram disparados contra os relógios das torres. Então uma testemunha ocular, que talvez deva a sua clarividência às rimas, escreveu: "Qui les croirait! on dit qu'ir<r>ités contre l'heure,/ De nouveaux Josués, au pied de chaque tour,/ Tiraient sur les cadrans pour arrêter le jour."[51]

~~XIV~~ XVI ~~XIII~~

O materialista histórico não pode abdicar do conceito de um presente que não seja transição, mas no qual o tempo parou e se suspendeu.[52] Pois esse conceito define pre-

---

49 Sobre a noção de *Zeitraffer* (câmera rápida) cf. nota a esta passagem em M HA, tese XIII.

50 Cf. quanto ao uso do verbo "irromper" nessa passagem notas à tese XIII de M HA e à tese XV da versão francesa.

51 "Quem diria! Irritados contra as horas, / Novos Josués, aos pés de cada torre, / Atiravam contra os relógios, para deter o tempo." Cf. nota em M HA à tese XIII com relação a essa citação.

52 Em T4 temos uma pequena variação nesta passagem. Aqui "se suspendeu" traduz "zum Stillstand gekommen ist". Sobre a tradução de "Stillstellung" por "suspensão" cf. a nossa nota final a M 19.

Sobre o conceito de História

cisamente *o* presente em que ~~l~~ele escreve história para sua pessoa ~~l cada história é escrita por ele~~. O historicismo apresenta a imagem "eterna" do passado, o materialista histórico tem com ele uma experiência única. Ele deixa aos outros a função de se acabarem no bordel do historicismo com a puta do "era uma vez". Ele se mantém senhor de suas forças: viril o bastante para fazer explodir o *continuum* da história.[53]

XVII[54]

O historicismo culmina com razão na História Universal. Talvez mais do que de qualquer outra, a historiografia materialista se afasta dela em seu método. A História Universal não tem uma armadura[55] teórica. Seu procedimento é aditivo; ela usa a massa dos fatos para preencher o tempo homogêneo e vazio. Já o fundamento da historiografia materialista, por sua vez, é um princípio construtivo. O pensar envolve não apenas o movimento dos pensamentos, mas também a sua suspensão. Onde quer que o pensar se detenha subitamente numa constelação saturada de tensões, ele transmite a esta um choque, graças ao qual ela ~~ele~~ se cristaliza em mônada.[56] O mate-

---

53 Como vimos em M HA tese XIV, esta tese corresponde a uma passagem do ensaio "Eduard Fuchs, o colecionador e o historiador". *Gesammelte Schriften*, vol. II., op. cit., p. 468.

54 No canto direito acima do número XVII pode-se ler também os números em algarismo romano "XV XVI".

55 Sobre esse conceito de "armadura" cf. nota à tese XV em M HA.

56 Aqui novamente temos variações entre as versões: em M HA, T1 e T3 quem se cristaliza em mônada é a constelação, em T2 e em T4 é o pensar que o faz. Ver nossa nota à tese XV de M HA onde

rialista histórico só e tão somente aborda um ~~objeto hist~~ |objeto histórico| quando ele se lhe apresenta enquanto mônada. Nessa estrutura ele reconhece o signo de uma suspensão messiânica do acontecido; dito de outro modo, uma oportunidade revolucionária na luta em favor do passado reprimido.[57] Ele percebe nela a ocasião para fazer explodir uma época específica do curso homogêneo da ~~époe~~ história, assim ele arranca uma vida determinada de uma época; assim, um trabalho determinado de uma obra completa.[58] O ganho desse seu procedimento consiste em preservar e ao mesmo tempo se superar[59] *no* trabalho isolado a obra completa, *na* obra completa a época, e *na* época o período inteiro da história. O fruto nutritivo do que é compreendido historicamente traz o tempo em seu ~~INTERIOR~~ *interior*, como uma semente preciosa, mas desprovida de sabor.

---

destaca-se a relação dessa teoria do choque como método do materialista histórico com a teoria da interrupção que Benjamin analisou em seus ensaios sobre Brecht.

57 Com relação a esse conceito de "passado reprimido" cf. nossa nota na tese XV de M HA.

58 Sobre essa diferença entre "trabalho" e "obra completa" cf. nota à segunda tese XII de M HA.

59 Sobre "preserva...superar..." cf. nota à segunda tese XII em M HA.

Sobre o conceito de História

XVIII[60]

Marx secularizou a ideia de tempo messiânico com a sua ideia de sociedade sem classes. E foi bom assim. A desgraça se iniciou quando a socialdemocracia elevou essa ideia à categoria de "Ideal". O Ideal foi definido dentro da doutrina neokantiana como a "tarefa infinita".[61] E essa doutrina

---

60 Essa tese central, a mais diretamente voltada para uma teoria da ação revolucionária no conjunto das teses, aparece apenas nesta versão de T1. Nos fragmentos encontra-se uma pré versão quase idêntica a ela, mas com um adendo final inserido à mão não menos importante: "A sociedade sem classes não é a meta final [*Endziel*] do progresso na história, mas antes a sua interrupção, tão frequentemente fracassada, e finalmente realizada." Novamente, como havíamos visto na nota à tese XV de M HA, estamos diante da ideia de interrupção histórica. Cf. com relação à revolução como freio da história esse outro fragmento que vem logo após ao rascunho dessa tese: "Marx afirma que as revoluções são as locomotivas da história do mundo. Mas talvez isso seja totalmente diferente. Talvez as revoluções sejam o acionar do freio de emergência pela humanidade que viaja neste trem." (M 60).

61 "Tarefa infinita" traduz aqui a expressão "unendliche Aufgabe". Benjamin lidou com esse tema neokantiano da tarefa infinita desde seus estudos de doutorado (que culminaram na sua tese: Benjamin, *O Conceito de Crítica de Arte no Romantismo Alemão*, op. cit.). Nos primeiros românticos alemães o absoluto foi pensado nessa chave, mas de maneira irônica, transformando o Ideal em prática literária e crítica, como se pode ler no famoso fragmento 116 da revista *Athenäum*. (Cf. idem, p. 72) Esse uso positivo do conceito de tarefa infinita aparece também no título de seu conhecido ensaio sobre a tradução: "Die Aufgabe des Übersetzers", que joga com a ambiguidade (romântica) projetada em "Aufgabe" que significa "tarefa", mas também contém *in nuce* a ideia de renúncia, *aufgeben*. Na sua fase tardia ele retoma criticamente essa noção,

foi a filosofia elementar do partido socialdemocrata – de Schmidt e Stadler até Natorp e Vorländer.[62] Uma vez que a sociedade sem classes foi definida como tarefa infinita, então o tempo vazio e homogêneo se transforma, por assim dizer, em uma antecâmara, na qual pode-se aguardar com certa serenidade pela entrada da situação revolucionária. Na verdade, não existe um instante que não traga consigo a *sua* oportunidade revolucionária – ela deve apenas ser concebida como uma <<oportunidade>> específica, a saber,

---

que era central na escola neokantiana de Marburg, por exemplo, e que ele lia na pauta (a)política da socialdemocracia também. Em *Passagens* lemos: "A crença no progresso, em sua infinita perfectibilidade – uma tarefa infinita moral –, e a representação do eterno retorno são complementares." (*Passagens*, op. cit., p. 159, fragmento D 10a, 5) Tanto a crença no progresso infinito como a do eterno retorno seriam parte "da maneira de pensar mítica". (Ibd.) Nos seus fragmentos filosóficos do espólio encontra-se um dedicado ao conceito de "tarefa infinita" no qual ele faz uma definição (bastante fichtiana) da ciência: "A ciência mesma não é nada senão tarefa infinita. [...] A unidade da ciência consiste na *infinidade* de sua tarefa." (*Gesammelte Schriften. Autobiographischen Schriften*, org. R. Tiedemann e Hermann Schweppenhäuser, Frankfurt a. M.: Suhrkamp, vol VI, 1985, p. 52)

62 Como destacam os editores *Werke und Nachlaß. Kritische Gesamtausgabe* de Benjamin, esses quatro autores têm em comum sua pertença ao círculo de neokantianos. Robert Schmidt (1864-1943) fez parte da comissão que redigiu o "Programa de Heidelberg" do SPD em 1925. O filósofo suíço August Stadler (1850-1910) publicou em 1874 sua obra *Kants Teleologie* [*Teleologia de Kant*]. Paul Natorp (1854-1924) foi um dos fundadores da Escola de Marburg de neokantismo e era partidário de uma política educacional socialdemocrata. Karl Vorländer (1860-1928) pensou o criticismo kantiano na chave de um socialismo ético.

Sobre o conceito de História

como oportunidade de uma solução completamente nova prescrita por uma tarefa completamente nova. É de uma dada situação política que o pensador revolucionário confirma a oportunidade revolucionária singular. Ela, porém, confirma-se a ele não em menor medida com base em um poder irrenunciável de um instante sobre uma câmara do passado bem determinada, até então fechada. A entrada nessa câmara coincide precisamente com a ação política e é por essa entrada que a ação, por mais aniquiladora que seja, dá-se a conhecer como messiânica.

~~XVIII~~ XIX[63]

"Os míseros cinquenta milênios [64] do homo sapiens", diz um biólogo contemporâneo, "comparados com a história da vida orgânica na terra representam cerca de dois segundos no final de um dia de vinte e quatro horas. Segundo essa medida, a história da humanidade civilizada preencheria a um quinto do último segundo da última hora."[65] O tempo-agora, que concentra numa abreviação monstruosa a história de toda a humanidade como um modelo do messiânico, coincide precisamente com a figura da história humana no universo.

---

63 Essa tese corresponde à XIX da versão francesa e à XVIII de T2 e T4, à XIX de T3 e à XVII de M HA.

64 Aqui assim como em M HA, na versão francesa, em T1 e T3 está correta a indicação de tempo, mas em T2 e T4 temos ao invés disso "fünf Jahrzehnte", "cinco décadas".

65 Não se sabe qual a origem dessa citação.

XI XIIa[66]

I [I Decerto, o tempo, para os adivinhos que inquiriam sobre o que ele trazia escondido em seu seio, não era experienciado nem como algo homogêneo nem como vazio. Quem tem isso em mente pode talvez ter uma ideia[67] de como o tempo passado é experienciado na reminiscência: do mesmo modo. Sabemos que os judeus eram proibidos de inquirir sobre futuro. Ao contrário, a Torá e as preces ensinavam-lhes a reminiscência. Esta lhes desencantava o futuro, ao qual sucumbiam aqueles que buscavam sabê-lo com os adivinhos. Mas nem por isso, para os judeus, o futuro tornou-se um tempo homogêneo e vazio. Pois nele cada segundo era a portinha por onde o Messias poderia entrar. I] I

---

66 Diferentemente dos demais números modificados, escrevem os editores da *Werke und Nachlaß. Kritische Gesamtausgabe* de Benjamin, aqui nesta tese ao lado do número XI o número XIIa está escrito de modo claro com um lápis vermelho. Não foi rasurado ou se inscreveu outro número por cima, mesmo já existindo outra tese XI. Isso comprovaria que essa tese ainda não tinha um lugar no conjunto das teses. Aqui ela se encontra entre colchetes em vermelho inserido a mão. Em T4, redigido nos Estados Unidos, ela será colocada no fim, sob a letra B. Trata-se da tese que justamente explora o tema do messianismo.

67 Aqui "ideia" está traduzindo "Begriff".

<<M FR>>
<Teses sobre o conceito de história – VersãoFrancesa>[1]

faltam

VIII	o que é possível no século XX
XI	concei<to> marxista vulgar do trabalho
XIII	crítica do progresso
XIV	moda e revolução
VI	historicismo como putaria
XVIII	sociedade sem classes como tarefa infinita[2]

---

1   É importante recordar que essa versão francesa, que não inclui todas as teses, não deve ser tratada como uma tradução, uma vez que encontramos diferenças com as demais versões em alemão e nenhuma dessas versões corresponderia exatamente a esse texto em francês. Nas notas destacamos os deslizes de Benjamin no uso do francês. O texto sobreviveu na forma de um manuscrito que, apesar das correções, aparentemente é um texto passado a limpo a partir de um rascunho. Ele foi publicado dentro das obras completas editadas por R. Tiedemann (*Gesammelte Schriften*, vol. I, op. cit., p. 1260-1266)

2   Essa lista está escrita em alemão. Essa tese XVIII encontra-se apenas na versão T1, ou seja, a cópia pessoal de Benjamin que foi dada a Giorgio Agamben em 1981 pela viúva de Bataille e que consta desta edição.

I

Conta-se que teria[3] existido um autômato que, construído de modo a desafiar qualquer jogada de um enxadrista[4], devia[5] necessariamente ganhar cada partida. Esse jogador automático teria sido um boneco, vestido de modo extravagante como um turco[6], sentado sobre uma poltrona, com um narguilé lhe enfeitando a boca. O tabuleiro ocupava uma mesa dotada de uma instalação interior que um jogo de espelhos, muito bem construído, tornava invisível para os espectadores. Na verdade, o interior da mesa era ocupado por um anão corcunda que manejava o boneco usando fios. Esse anão era um mestre no xadrez. Nada impede de imaginar um tipo de aparelho filosófico semelhante. O jogador que sempre vai vencer será esse outro boneco que tem o ~~por~~ nome de "materialismo histórico". Ele não terá nenhum adversário que temer se ~~terá~~ tiver a seu serviço a teologia, essa velha infame[7] e decadente que na certa não tem coisa melhor a fazer do que se esconder onde ninguém há de notá-la.

II

"Existe", diz Lotze, "entre os traços mais notáveis da natureza humana, uma ausência geral de vontade dos vivos em relação à posteridade. E isso apesar de tanto egoísmo

---

3   *Qu'il y aurait* por *qu'il aurait.*

4   Sobre esse autômato, cf. notas à tese I de M HA.

5   *Devait* por *devrait.*

6   *Turque* por *turc.*

7   *Mal famé* por *mal famée.*

em cada ser humano."[8] Essa notável reflexão nos leva a sentir o quanto a ideia de felicidade ~~que é~~ que levamos em nós está impregnada pelas cores do tempo em que nos foi dado viver a nossa vida. Uma felicidade suscetível de ser o objeto de nossa vontade apenas pode existir num ar que foi respirado por nós; apenas, na companhia de pessoas que possam ter-nos dirigido a palavra; ~~enfim, apenas graças às mulheres cujos favores~~ a nós; enfim, apenas graças às mulheres ~~que terão podido nos satisfazer com seus favores cujos fa~~ cujos favores poderiam nos satisfazer. O que isso quer dizer? A ideia de felicidade encerra a de salvação, inelutavelmente. ~~E a própria ideia do passado~~ <?> O mesmo vale para a ideia do "Passado". A imagem da salvação é a sua chave. Não ~~será ao redor de nós mesmos que plana~~ – é ao redor de nós mesmos que plana um pouco de ar outrora respirado pelos defuntos? Não é a voz dos nossos amigos que às vezes assombra as vozes dos que nos precederam na terra? E a beleza de mulheres de um outro tempo, acaso não se assemelha à de nossas companheiras? Cabe, pois, a nós nos darmos conta de que o passado reivindica uma redenção a qual talvez apenas uma parte ínfima encontra-se ao alcance do nosso poder. Existe um encontro misterioso entre as gerações defuntas e aquela da qual fazemos parte. Nós fomos esperados[9] na terra. Pois foi-nos concedida, bem como a cada grupo humano que nos ~~pre~~ precedeu, uma parcela do poder messiânico. O passado a reivindica, tem direito a ela. Não há

---

8   Cf. nota à tese I de M HA sobre Lotze.

9   *Attendu* por *attendus*.

como evitar sua Convocação.[10] O historiador materialista tem algo a dizer sobre isso.

III

O cronista que narra[11] os acontecimentos, sem jamais querer distinguir os pequenos dos grandes, leva em conta essa verdade maior segundo a qual nada do que tiver ocorrido deverá ser perdido para a história. É verdade que a posse integral do passado está reservada a uma humanidade restituída e salva. Apenas essa humanidade reestabelecida[12] poderá evocar um instante qualquer de seu passado. Todo instante vivido estará ~~novamente presente no presente~~ presente numa citação[13] à ordem do dia – dia que não é outro senão o do juízo final.

IV—

A luta de classes, que não cessa de estar presente para um historiador formado pelo pensamento de Karl Marx, é uma competição em torno das coisas brutas e materiais

---

10 "Sommation", no original em francês, ou seja, uma convocação no sentido judiciário do termo. A maiúscula consta no texto de Benjamin.

11 Benjamin utilizou aqui o termo "narre", conceito importante em seu artigo sobre Leskov , "Der Erzähler", de 1935, traduzido por ele mesmo com o título "Le narrateur" e mais recentemente como "Le conteur".

12 *Rétabli* por *rétablie*.

13 Sobre o conceito e a importância da "citação" em Benjamin cf. as minhas notas nos "Manuscritos: Esboços e versões" aos fragmentos M 19 e M 44.

Sobre o conceito de História 95

~~com a falta~~ sem as quais as coisas refinadas e elevadas não subsistem. Seria um erro, no entanto, acreditar que essas últimas não estariam ~~conhecidas~~ de outra forma |presentes na| ~~pela~~ luta de classes senão como um saque[14] que o vencedor receberia. Não é assim <x>~~elas se afirmam~~ já que elas se afirmam precisamente no centro dessa |competição| ~~luta~~ mesma. Elas ~~estão presentes~~ |entram aí| na forma de fé, de coragem, de esperteza, de perseverança e de decisão. E a irradiação dessas forças, longe de ser absorvida pela própria luta, prolonga-se até as profundezas do passado humano. ~~Elas não deixaram de colocar em questão~~ Toda vitória que coube aos poderosos ~~e foi festejada~~ e que eles festejaram – elas não deixaram de por em questão. Tal como as flores giram em direção ao sol, as coisas concluídas giram, movidas por um heliotropismo misterioso em direção a essae outro sol que vai surgindo no horizonte histórico. Nada menos ostensivo que essa mudança. Mas também, nada de mais importante.

V

A imagem autêntica do passado só aparece como um relâmpago. Imagem que apenas surge para eclipsar-se para sempre no instante seguinte. [15] Aquela verdade imóvel, que fica lá à espera do pesquisador, não corresponde em

---

14 Nas versões em alemão dessa tese Benjamin usa o termo "Beute" que traduzimos por "espólio", mas tem também esse sentido de "saque".

15 Aqui Benjamin retoma a sua teoria do conhecimento histórico calcado nas imagens dialéticas. Cf. nota a essa passagem na tese de número IV em M HA.

96 · Walter Benjamin

nada a este conceito de verdade em matéria de história. É uma imagem única e insubstituível do passado, que desaparece com cada presente incapaz de se reconhecer visado por ela.

I Apoia-se antes no verso
de Dante que diz:

VI

"Descrever o passado tal como foi", eis, segundo Ranke, a tarefa do historiador.[16] É uma definição bastante quimérica. O conhecimento do passado se assemelharia, antes, ao ato pelo qual se apresenta ao homem uma recordação[17] que o salva no momento de um perigo súbito. O interesse O materialismo histórico está comprometido em captar uma imagem do passado tal como ela se apresenta ao sujeito de improviso e no instante mesmo de um perigo

---

16 Acerca do mote da historiografia positivista derivada de Leopold von Ranke cf. a nota à tese V de M HA.

17 "Recordação" traduz aqui "souvenir". Na tese V do M HA (o manuscrito de H. Arendt) Benjamin utilizara em alemão "Erinnerung", que estamos traduzindo por "recordação". Optamos por manter aqui essa mesma tradução, que estamos diferenciando dos usos de Benjamin do termo "Eingedenken", que temos traduzido por "reminiscência", ainda que não se perceba aqui em Benjamin uma tentativa de diferenciar de modo preciso esses conceitos. Para um desenvolvimento desses conceitos remetemos aos ensaios de Benjamin: "A imagem de Proust" (in: W. Benjamin, *Magia e técnica, arte e política*, op. cit., p. 37-50); e "Sobre alguns temas em Baudelaire" (in: W. Benjamin, *Obras escolhidas. Vol. III: Charles Baudelaire, um lírico no auge do capitalismo.*, J. C. M. Barbosa e H. A. Baptista, trad., São Paulo: Brasiliense, 1989, p. 103-149). Cf. também a nota à tese V de M HA e o fragmento M 27.

Sobre o conceito de História

supremo. Perigo que ameaça tanto os dados da tradição quanto os homens a quem eles se destinam. Ele se apresenta a ambos como uma só coisa: isto é, como o perigo de serem recrutados a serviço da opressão. Cada época deverá[18], novamente empenhar-se nesta dura tarefa: liberar do conformismo uma tradição que está em vias de ser violada por ele. Lembremo-nos que o messias não vem apenas como redentor, mas como o vencedor do Anticristo. Apenas o historiador é capaz de penetrar no fato de que o inimigo vitorioso não vai se deter nem ante os mortos – apenas esse historiador será saberá atiçar no próprio cerne dos acontecimentos concluídos a faísca de uma esperança. Enquanto esperamos, e até esta hora, o inimigo ainda não cessou de triunfar.

VII

Ao historiador que deseja penetrar no próprio cerne de uma época concluída,[19] Fustel de Coulanges recomendou

---

18 A vírgula depois de "deverá" pressupõe uma outra após "de nouveau", "novamente", mas essa vírgula falta no original.

19 Aqui, assim como na penúltima frase da tese anterior, Benjamin empregou o termo "révolu" para caracterizar o termo "évènements", eventos, na tese VI, e aqui na tese VII para caracterizar o termo "époque", época. Na tese IV ele escreveu sobre "choses révolues", "coisas concluídas". É importante diferenciar "révolu" de "passée", passado, já que Benjamin muitas vezes busca termos diversos para pensar nossa relação com o que se foi. "Révolu" tem a mesma etimologia de revolução, mas não existe um correspondente em português com sentido francês de algo que concluiu seu ciclo. Fala-se de "année révolue", ano passado, mas também concluído. Na tese XVII desta versão francesa

98 Walter Benjamin

um dia que fizesse de conta que não sabia nada do que teria acontecido depois da mesma.[20] Aí está exatamente ~~o procedi~~ |o método| que vai na contramão do materialismo histórico. Ele equivale a uma identificação afetiva [Einfühlung[21]] com uma época dada. Sua origem é a pre-

---

reencontraremos esse termo novamente na expressão "bloqueio messiânico das coisas concluídas" ("bloquage messianique des choses révolues").

20 Sobre essa referência a Fustel de Coulanges cf. nota à segunda tese de número XV de M HA.

21 Palavra bastante usada na linguagem da psicologia e da estética literária do final do século XIX, "Einfühlung" é o equivalente do termo "empatheia", empatia. Benjamin a traduz quase que literalmente por "identificação afetiva" e mantém entre colchetes o termo em alemão. Na tese XV do manuscrito M HA e na VII do T1 traduzimos esse termo por "empatia". Benjamin criticou esse procedimento empático em vários de seus contemporâneos. No seu ensaio "História da literatura e ciência da literatura" (1931), ele criticou as posturas de um Georg Gottfried Gervinus (1805-1871), por não conseguir nas suas obras trabalhar de modo profundo com o problema da relação entre a literatura e a história. No panorama que ele descreve da germanística do séc. XIX prepondera uma imagem desoladora: predomínio de uma postura positivista do tipo "coletar e cuidar" ("Sammel und Hegen"), uma tentativa de aproximação com as ciências naturais, ao lado da tematização privilegiada do "colossal cortejo do triunfo de grandes figuras ideais". (Benjamin, *Gesammelte Schriften.: Kritiken und Rezensionen*, org. por R. Tiedemann e H. Schweppenhäuser, vol. III, Frankfurt a.M.: Suhrkamp, 1972, p. 285) O princípio que está na base deste método é justamente a empatia ("Einfühlung"). Nas obras dos germanistas seus contemporâneos, Benjamin percebeu uma continuidade dessa tradição. Descrevendo ao modo de uma imagem ele afirmou: "Nesse pântano a hidra da estética

Sobre o conceito de História

guiça de um coração que renuncia a captar a imagem autêntica do passado – ~~fugitiva, ela, e passando como um relâmpago~~ imagem fugidia que passa como um relâmpago. Essa preguiça do coração reteve longamente os teólogos da Idade Média, os quais a tratavam pelo nome de acedia como um dos sete pecados capitais, ~~encontrando~~ reconhecendo nela o âmago da tristeza mortal. Flaubert parece tê-la sentido bem, ele que escreveria: "Poucas pessoas adivinharão quanto foi necessário ser triste para ressuscitar Cartago."[22] Essa tristeza nos cederá seu segredo,

---

escolar com as suas sete cabeças está em casa: criatividade, empatia, atemporalidade, recriação, co-vivência [*Miterleben*], ilusão e gozo artístico". (Id., p. 286) Os trabalhos destes críticos não passam, para Benjamin, de um mero jogo feito para dar a ilusão aos seus leitores de estarem participando da bela literatura. "Apenas uma ciência que renuncie ao seu caráter museológico pode substituir essa ilusão por algo efetivo" (Id., p. 288), ele acrescentou. Mesmo no círculo de Stefan Georg, apesar de algumas exceções como Hellingrath e Kommerel, Benjamin detecta, com destaque para Friedrich Gundolf, um espírito anti-filológico e de culto ao "panteão" dos escritores alemães "imortais". Essa concepção da história da literatura carregava consigo, segundo Benjamin, um falso universalismo, que semeou o caminho do método da história das culturas. (Id., p. 285) Seria importante fazer esse tipo de crítica com relação aos estudos de literatura nacional de um modo geral, hoje. Cf. nos "Manuscritos: esboços e versões" minha nota final ao fragmento M 44.

22 Essa frase faz parte de uma declaração de Flaubert sobre a escrita de *Salammbô*, romance histórico que se passa na antiga Cartago. Carta de Gustave Flaubert a Ernst Feydeau, 29 de novembro de 1859, in: Flaubert, *Correspondance III (janvier 1859 – décembre 1868)*, org. Jean Bruneau, Paris: Gallimard, 1991, p. 59. Benjamin também a cita em dois fragmentos das *Passagens* (N 15, 3; m 5,

talvez, à luz da seguinte questão: com quem é, afinal de contas, que ~~o histo deverá identificar-se o historiador~~ deverão identificar-se os mestres do historicismo. A resposta será, inelutavelmente: o vencedor. Ora, aqueles que, num dado momento, detêm o poder são os herdeiros de todos aqueles que alguma vez conquistaram a vitória. O historiador que se identifica com o vencedor servirá, pois, irremediavelmente aos detentores do poder atual. Isso terá muito significado para o historiador materialista. Quem quer que seja até aqui vitorioso fará parte do grande cortejo triunfal que marcha sobre aqueles que jazem no chão. O saque desse cortejo, apresentado como justo, terá o nome de herança cultural da humanidade. Essa herança verá no historiador materialista[23] um perito um tanto quanto distanciado. Este, ao imaginar a origem dessa herança não poderá evitar um certo calafrio. Pois tudo isso se deve não apenas ao trabalho dos gênios e dos grandes pesquisadores mas também à servidão obscura de seus congêneres. Tudo isso não[24] testemunha a cultura sem testemunhar ao

---

3 ; op. cit., p. 523, 845). Yves Hersant em seu mencionado ensaio sobre a acedia cita a seguinte passagem de Flaubert, extraída de seu texto *La tentation de saint Antoine*: "'Como me aborreço! – escrevia o anacoreta –, eu gostaria de ir a qualquer lugar, não sei onde; não sei o que quero, não tenho sequer a vontade de desejar querer. E dizer que passei toda a minha vida assim e que nunca sequer vi a dança pírrica, é de dar dó! De onde diabos me veio essa ideia? '" (Op. cit., p. 205)

23 *Materialist* por *matérialiste*.

24 O não foi introduzido pelos editores: "Tout cela ne témoigne <pas> de la culture sans témoigner, en même temps, de la barbarie.".

Sobre o conceito de História 101

mesmo tempo a barbárie.[25] Essa barbárie pode ser detectada até mesmo no modo como, ao longo dos séculos, essa herança irá passar das mãos de um vencedor para as de um outro. O historiador materialista será, portanto, levado a separar-se disso. Ele deverá escovar a contrapelo o couro demasiado brilhante da história.

IX

Há um quadro de Klee denominado Angelus Novus. Nele vemos um anjo que parece afastar-se de alguma coisa a que seus olhares parece estar aferrado. Seus olhos estão arregalados, a sua boca está aberta e as suas asas estendi-

---

25 Essa frase é central no contexto dessas teses. É muito importante destacar que nessa versão francesa, Benjamin utiliza o conceito de "témoigner", ou seja, testemunhar. Na versão em alemão esse conceito, raro na pena desse autor, não aparece. Como vimos na versão T1, lá consta, como constará nas demais versões alemãs: "Es ist niemals ein Dokument der Kultur, ohne zugleich ein solches der Barbarei zu sein", ou seja: "Não há um documento da cultura que não seja ao mesmo tempo um documento da barbárie." Esta frase estabelece as bases de uma nova historiografia e de uma outra concepção de visada histórica, que podemos chamar de "testemunhal" e permite a desconstrução da visão iluminista, eurocêntrica e triunfalista que via na história um processo linear, ascendente e positivo. Benjamin faz explodir esse modelo com a sua ideia de *Jeztzeit*, tempo-agora, que fragmenta a coluna vertebral da falsa linearidade, e, por outro lado, com a reversão dos valores, que lança luz sobre os que sempre levaram o fardo da história e não mais sobre as elites "triunfantes". Essa frase fez parte do ensaio de Benjamin sobre "Eduard Fuchs, der Sammler und der Historiker", "Eduard Fuchs, o colecionador e o historiador", de 1937 (in: W. Benjamin, *Gesammelte Schriften*, vol. II: op. cit., p. 477).

das. Tal deverá ser o aspecto que o Anjo da História apresenta. Sua face está voltada para o passado. Lá onde ao nosso olhar parece-nos ver escalonar-se uma sequência de acontecimentos, apenas uma coisa parece oferecer-se a seu olhar: uma catástrofe, sem modulaçãoões nem trégua, amontoando[26] os escombros ~~e os jogando~~ <x> ~~aos pés do Anjo, <xxxxx>os jogand~~ projetando-os[27] ~~eternamente aos pés do anjo~~ diante dos seus pés.[28] ~~O anj~~ O Anjo bem gostaria de debruçar-se sobre esse desastre, tratar as feridas e ressuscitar os mortos. Mas uma tempestade, que vem do paraíso, levanta-se; ela estufou as asas estendidas do Anjo; e ele não consegue mais dobrá-las. Essa tempestade empurra-o para ~~o fu~~ o futuro, para o qual o Anjo não cessa de virar<x> as costas, enquanto que ~~diante~~ <x>os escombros à frente dele sobem em direção ao céu. Damos a essa tempestade o nome de Progresso.

26 *Amoncelant~~se~~ les décombres* por *amoncelant les décombres*.

27 *Projettant* por *projettant*. Assim como em *amoncelant*, o uso do particípio presente é anômalo e rebuscado, sobretudo no caso do verbo *projeter*.

28 É interessante o tom dessa versão francesa que torna esse fragmento imagético-alegórico ainda mais próximo do modelo dos mitos gregos. O Anjo da História se prostra como uma espécie de Prometeu contemporâneo, fadado a ininterruptamente e eternamente a ver se acumular repetidamente diante de si os escombros da catástrofe-progresso. A diferença entre o Prometeu do mito e o Anjo benjaminiano é que este último, justamente , é histórico, está embebido no seu tempo e não jogado para fora da temporalidade, como ocorre nos mitos. Kafka, de resto, com suas imagens e parábolas também permite vislumbrar esse emprego do modelo mítico deslocado para o tempo da modernidade.

Sobre o conceito de História 103

X

Costuma-se propor à atenção dos monges noviços, nos claustros, temas de meditação que deverão desviá-los do século e de suas tentações. As reflexões que aqui propomos foram fixadas com uma finalidade semelhante. Quando os políticos que eram a esperança dos adversários do fascismo jazem por terra, confirmando a derrota e traindo a causa que antes era deles – estas reflexões se dirigem aos descrentes que foram ludibriados[29] pelas promessas pródigas desses homens de boa vontade. Quanto a nós, partimos da convicção de que os vícios mais enraizados da política de esquerda se mantêm. Desses vícios, denunciamos sobretudo estes três: a confiança cega no progresso; uma confiança cega na força e na justeza, na prontidão das reações que se formam no seio das massas; uma confiança cega no partido. Será preciso alterar seriamente os hábitos mais comuns do nosso pensamento. É somente assim que poderemos conceber um conceito de história que não tenha nenhuma cumplicidade com as ideias daqueles que, mesmo na hora em que estamos, não aprenderam nada.[30]

---

29 *Circunvenu* por *circunvenus*. Não podemos esquecer que Benjamin escreveu essas teses sob o signo do impacto sofrido pela traição ocorrida com a assinatura do acordo entre Hitler e Stalin, o "Pacto Molotov-Ribbentrop", de 23 de agosto de 1939.

30 Como o encadeamento das teses varia de versão a versão, em diferentes graus, aqui temos um feliz encontro entre essa tese X que realiza essa crítica radical àqueles que não se libertam da crença do progresso inexorável, aos que se apegam a uma visão fetichista das massas redentoras e aos que veneram o partido,

XII

"Precisamos da história; mas precisamos de outro modo que aquele que flana desocupado pelos jardins da erudição". Nietzsche: Do proveito que se tira do estudo da história e dos perigos que ela comporta.[31]

O artesão do conhecimento histórico é, excluindo-se os demais, a classe oprimida que luta. Em Marx ela aparece como a última das oprimidas, como a classe vingadora que, em nome de tantas gerações vencidas, terminará a grande obra de libertação. Essa concepção que, durante algum tempo, reviveria nas ~~movimento alemão do~~ | revoltas do | "Spartacus", ~~ela a~~ nunca foi vista com bons olhos pelo partido socialista. Este conseguiu em algumas deze-

---

sucedida por uma das teses que coloca de modo mais claro qual o modelo histórico que deve servir à verdadeira ação revolucionária. Benjamin propõe a construção da história no presente, a partir dele e voltado não para um futuro pródigo pintado como a volta do paraíso sobre a Terra, mas, antes, para a história das lutas contra os poderosos. Essa reversão da mentalidade histórica que está na base de uma efetiva política dos afetos, estrutura as autênticas mudanças políticas e se reafirma como imprescindível a cada vez que o fascismo se apresenta.

31 Trata-se de um trecho da segunda das *Considerações intempestivas* de Nietzsche, que Benjamin traduz ao seu modo (inclusive o título, *Von Nutzen und Nachteil der Historie für das Leben; Vantagens e desvantagens da História para a vida*), sendo que a passagem citada, normalmente seria traduzida assim: "Precisamos da História, mas precisamos dela de modo diferente do que o daquele ocioso mimado andando pelos jardins do conhecimento."

Sobre o conceito de História   105

nas de anos silenciar o nome de um Blanqui, cujo som de bronze havia, tal como um sino, abalado o século dezenove. Agradou ao partido socialista atribuir ao proletariado o papel de libertador das gerações <u>futuras</u>. Privou assim essa classe de seu ímpeto mais precioso. Foi assim que nessa classe se embotaram, ~~lentamente mas irremediavelmente inelut~~ irremediavelmente mas com lentidão, tanto a sua força de odiar quanto a sua prontidão para o sacrifício. Pois o que ~~alimentou alimenta~~ |alimentará| essa força, o que sustentará essa prontidão é a imagem dos antepassados acorrentados, não a de uma posteridade liberada. Nossa geração está pagando ~~para~~ por saber disso, pois a única imagem que ela vai deixar ~~e~~ é aquela de uma geração vencida. Será esse o seu legado àqueles que virão.

XV

As classes revolucionárias têm, no momento de entrar em cena, uma consciência mais ou menos clara de minar com sua ação o tempo homogêneo da história. A Revolução Francesa decretou um novo calendário. O dia que inaugura uma nova cronologia possui o dom de integrar o tempo que o precedeu. Ele constitui uma espécie de condensação histórica [eine Art historischen Zeitraffer][32]. É ainda este dia, o primeiro de uma cronologia, que |é evocado e mesmo| figurado pelos dias feriados, que, todos eles, são

---

32 Benjamin utiliza aqui uma outra imagem para indicar a força do calendário, diferente das versões alemãs que optaram para metáfora cinematográfica do "Zeitraffer", a câmera rápida, e cujo efeito inverso em francês é o "ralenti" (câmera lenta). A opção pelo termo "raccourci" (resumo, síntese, condensação, atalho) mantendo o ori-

106   *Walter Benjamin*

tanto dias iniciais como dias de recordação.[33] Portanto os calendários não contam de modo algum o tempo como os relógios. Eles são os monumentos de uma consciência histórica que ~~então a Europa~~, há cerca de um século, ~~se tor~~ tornou-se completamente estrangeira à Europa. A última[34], a Revolução de Julho, havia conhecido um incidente que abriu caminho[35] a uma tal consciência. Passado o primeiro

---

ginal alemão ao lado indica uma dúvida na passagem ao francês, mas também lança uma luz sobre sua concepção de calendário.

33 "Souvenance", no original. Nas versões alemãs dessa passagem consta o termo "Eingedenken", reminiscência.

34 "A última" aqui estabelece um encadeamento que não fica evidente. Nas versões em alemão claramente Benjamin refere-se nessa frase à "consciência histórica".

35 Como observamos com relação à tese XIII do M HA, o manuscrito de H. Arendt, naquela versão mais antiga Benjamin utilizou na passagem correspondente o conceito de "Durchbruch", irrupção, associado a um tempo de ruptura que apontava para uma epifania. Aqui ele utiliza o verbo francês "percer", que remete a perfurar, abrir uma fenda, fazer vir à tona. Nas demais versões ele utiliza a expressão "zu seinem Recht gelangte", ou seja, aquela antiga consciência histórica "fez valer o seu direito". O termo "percer" reforça a ideia de uma consciência histórica recalcada ou reprimida, que, como na visão psicanalítica do inconsciente, manifesta-se por meio de jorros, pelas fissuras da censura. Não por acaso, como comentamos com relação ao uso de Benjamin do conceito de "geheim" (secreto) nas teses II e III do M HA (na versão francesa consta "misterioso" nessas teses: "encontro misterioso", "heliotropismo misterioso"), aqui também vemos o modelo freudiano do "Unheimlich", ou seja, da estrutura mnemônica da humanidade como sendo marcada pela constante repressão e luta pela liberação das memórias. Benjamin, diferentemente de Freud, associa essa luta à luta de classes.

Sobre o conceito de História   107

dia de combate, ~~com a vinda da noite~~ aconteceu que, ao escurecer, a multidão, em diferentes bairros da cidade e ao mesmo tempo, <x> <x>começou a atacar os relógios. Uma testemunhas, cuja clarividência talvez possa ser atribuída ao acaso das rimas, escreveu: "Qui les croirait! on dit qu'irrités contre l'heure,/ De nouveaux Josués, au pied de chaque tour,/ Tiraient sur les cadrans pour arrêter le jour."[36]

XVII

É na história universal que o historicismo encontra sua realização completa. Nada de mais oposto ao conceito de história que pertence ao materialismo histórico. A história universal não possui armadura teórica. Ela procede por meio de adições. Ao mobilizar a quantidade inumerável de fatos que ocorreram, ela tenta preencher o vazio desse recipiente ~~que é~~ constituído pelo tempo homogêneo. Bem diferente é o materialismo histórico. Ele dispõe de um princípio de construção. O ato de pensar não se funda apenas sobre o movimento dos pensamentos, mas também sobre o seu bloqueio. Suponhamos subitamente bloqueado o movimento do pensamento – então se produzirá, numa constelação sobrecarregada de tensões, uma espécie de choque recíproco; um abalo que levará a imagem, a constelação que terá que se organizar de improviso, a se

---

36 "Quem diria! Irritados contra as horas, / Novos Josués, aos pés de cada torre, / Atiravam contra os relógios, para deter tempo." A fonte de Benjamin é: Bartholomy et Méry. *L'insurrection. Poème dédié aux Parisiens*. Paris: Dénain, 1830, p. 22.

constituir em mônada no seu interior.[37] O historiador materialista só se aproxima de uma realidade histórica qualquer com a condição que esta se apresente <a> ele enquanto mônada. Essa estrutura se apresenta a ele como sinal de um bloqueio messiânico das coisas concluídas;[38] dito de <xxx> outro modo, como uma situação revolucionária na luta pela liberação do passado oprimido. <xx> O historiador materialista, aproveitando-se dessa chance, vai fazer explodir a continuidade histórica para extrair dela uma determinada época; semelhantemente ele fará explodir a continuidade de uma época para extrair dela uma vida de individual; por fim, ele fará explodir essa vida individual para extrair dela um feito ou uma obra determinada. Ele também será capaz de dar a ver o modo como a vida inteira de um indivíduo está guardada em uma de ssuas obras, um de seus feitos; e como, nessa vida, está guardada uma época inteira; e como, em uma época, encontra-se guardado o conjunto da história humana. Os frutos nutritivos da árvore do conhecimento são pois aqueles que levam dentro de sua polpa, como uma semente preciosa, mas desprovida de gosto, o Tempo histórico.

---

37 Sobre essa teoria do bloqueio súbito do pensamento como método do historiador materialista ver nossa nota à tese XV de M HA onde destaca-se a relação dessa teoria do choque com a teoria da interrupção que Benjamin analisou em seus ensaios sobre Brecht.

38 Cf. acima nota à tese VII desta versão francesa.

~~XII~~<?> XIX

"Os míseros quinhentos séculos do homo sapiens", disse-nos um biólogo recentemente, "representam[39] <x> ~~alguma coisa como~~, no conjunto dos períodos terrestres, algo como dois segundos no final de um dia de vinte e quatro horas. Quanto à história propriamente dita do homem civilizado, ela caberia inteiramente em um quinto do último segundo da última hora." O "presente", modelo dos tempos messiânicos, que reúne em si, como uma condensação[40] formidável, a história da humanidade inteira, corresponde exatamente ao lugar que essa história ocupa no seio do universo.

---

39 "Representam" traduz aqui "représentent", sendo que nas versões alemãs temos "darstellen" como verbo nesta passagem. É a única aparição do verbo "representar" ("representer") nas teses em francês.

40 *Raccourci*, a mesma palavra usada por Benjamin para traduzir *Zeitraffer* acima na tese XV.

<<T4>>
<*Reflexões Histórico Filosóficas /*
De Walter Benjamin –
Transcrição Póstuma>[1]

I

Sabe-se que deve ter existido um autômato[2] construído de tal sorte que, a cada movimento de um enxadrista, contra--atacava com outro lance, o que lhe garantia a vitória na partida. Um boneco em trajes de turco, com um narguilé

---

1   Esse texto é um exemplar datilografado, realizado já nos Estados Unidos após a morte de Benjamin. Provavelmente foi redigido pelas mãos de Gretel Adorno, esposa do filósofo Theodor W. Adorno e grande amiga e correspondente de Walter Benjamin. Ele foi feito com base em um manuscrito que se encontra desaparecido. Essa versão provavelmente era anterior até mesmo ao M HA, ainda que exista muita confusão com relação a essa cronologia das versões. Por exemplo, existem correções em M HA que em T 4 se apresentam já incorporadas ao texto datilografado. Essa versão esteve na base tanto de uma edição de 1942 de uma edição de revista mimeografada em homenagem a Benjamin realizada pelo Instituto de Pesquisas Sociais, como também posteriormente serviu de base para uma publicação na revista *Neue Rundschau* em 1950 e para uma edição dos *Schriften*, de 1955. A edição dos *Gesammelte Schriften* de R. Tiedemann também consultou esta versão, ainda que tenha se baseado mais na T2. O título foi inserido por Adorno no texto datilografado com caneta vermelha. Também consta no texto uma série de indicações que foram incorporadas à edição de 1955. As teses finais A e B estão separadas do texto principal com uma linha.

2   Sobre este autômato, cf. notas à tese I de M HA.

na boca, sentava-se ante do tabuleiro que ficava sobre uma ampla mesa. Através de um sistema de espelhos, criava-se a ilusão de que a mesa era transparente por todos os lados. Na verdade, havia um anão corcunda escondido dentro, o qual era um mestre no xadrez e manipulava com fios as mãos do boneco. É possível então imaginar uma contrapartida filosófica desse aparato. O boneco chamado "Materialismo Histórico" há de vencer sempre. Sem dúvidas, ele está à altura de qualquer adversário se tomar a teologia a seu serviço, ela que é hoje pequena e feia e, de qualquer maneira, não se deixa ver.

II

"Dentre os traços mais notáveis da natureza humana", diz Lotze, "encontra-se ao lado de tanto egoísmo no particular uma ausência de inveja, no geral, do presente em relação ao seu futuro."[3] Essa reflexão nos leva a entender que a imagem de felicidade, que acalentamos, está inteiramente tingida pela época em que transcorre a própria existência que nos cabe. A felicidade que poderia ter despertado inveja em nós existe apenas no ar que respiramos, nas pessoas com quem poderíamos ter falado, nas mulheres que poderiam ter se dado a nós. Em outras palavras, a representação de felicidade se associa, de modo indissolúvel, à de redenção. Com a representação do passado, de que a história faz seu objeto, ocorre o mesmo. O passado traz

---

3   Cf. nota de rodapé referente a esta passagem em M HA quanto a essa frase de Hermann Lotze.

Sobre o conceito de História   113

consigo um índice temporal⁴ que o remete à redenção.
~~Exist~~ Existe um encontro secreto entre as gerações passadas e a nossa.⁵ Nós éramos aguardados sobre a Terra.
Foi-nos dada, bem como a todas as gerações que nos precederam, uma tênue força messiânica, à qual o passado
reivindica. O mais correto é não abrir mão dessa reivindicação. O materialista histórico sabe disso.

III

O cronista, que narra os acontecimentos sem distinguir os
grandes dos pequenos, leva em conta a verdade de que
nada do que já ocorreu pode ser considerado perdido
para a história. Decerto, apenas a uma humanidade redimida cabe a totalidade do seu passado. Isso quer dizer:
somente para uma humanidade redimida o seu passado
pode ser citável em cada um de seus momentos. Cada um
de seus instantes vividos se tornará uma citation à l'ordre
du jour⁶ – dia esse que é justamente o do juízo final.

---

4   Nas versões T1, T2 e T3 ao invés de "zeitlichen" (temporal), temos aqui "heimlichen", misterioso, secreto. Apenas na versão
    M HA consta também "zeitlichen". Em T1, primeiro constava
    "zeitlichen" e depois foi corrigido para "heimlichen". Em francês
    consta "mystérieux". Quanto ao conceito de "secreto" cf. nota à
    tese II de M HA.

5   Em T1, T2 e T3, aqui consta ao invés da frase que também lemos em M HA: "Nós éramos aguardados sobre a Terra", a frase
    "Então nós éramos aguardados sobre a Terra", o que novamente
    reforça a tese de que T4 se baseou em uma versão mais antiga.

6   Expressão francesa: à ordem do dia. Sobre o conceito e a importância da "citação" em Benjamin cf. as minhas notas nos
    "Manuscritos: Esboços e versões" aos fragmentos M 19 e M 44.

IV

> "Lutai primeiro por alimentação e vestuário, que o Reino de Deus virá então por conta própria".
>
> Hegel, 1807[7]

A luta de classes, que está sempre na mirada de um historiador escolado em Marx, é uma luta pelas coisas brutas e materiais, sem as quais não existem as refinadas e espirituais. Essas últimas, contudo, devem ser postas na luta de classes diferentemente daquela representação de um espólio que cabe ao vencedor ~~como a confiança, a coragem~~. Elas se mantêm vivas nessa luta, como confiança, coragem, humor, astúcia, constância e seguem agindo até mesmo no passado distante. Elas sempre vão colocar em questão novamente toda vitória que coube aos dominantes. Como flores que voltam suas faces em direção ao sol, os ocorrido luta, graças à força de um heliotropismo de tipo secreto, para voltar-se <u>ao</u> sol que se levanta no céu da história. O materialista histórico deve estar apto a entender essa que é a mais imperceptível das mudanças.

V

A verdadeira imagem do passado escapa *rápido*. Só podemos apreender o passado como imagem que, no instante de sua cognoscibilidade, relampeja e some para sempre.[8] "A verdade não escapará de nós" – essa frase de Gottfried

---

7   Cf. nota de rodapé referente a esta passagem em M HA tese III.

8   Aqui Benjamin retoma a sua teoria do conhecimento histórico calcado nas imagens dialéticas. Cf. nota a essa passagem na tese de número IV em M HA.

Sobre o conceito de História 115

Keller,[9] descreve o lugar exato em que o materialismo histórico rompe com a imagem que o historicismo tem da história. Pois se trata de uma imagem irrecuperável do passado, que ameaça desaparecer com cada presente que não se reconheceu visado por ela. (A boa nova, que o historiador do passado porta com pulsações velozes, vem de uma boca que, talvez no instante mesmo em que se abre, fala no vazio.)[10]

VI

Articular o passado historicamente não significa conhecê--lo "como ele foi de fato".[11] Significa apoderar-se de uma recordação, tal como ela relampeja no instante de um perigo. Para o materialismo histórico, trata-se de capturar uma imagem do passado tal como ela, no instante do perigo, configura-se inesperadamente ao sujeito histórico.[12] O perigo ameaça tanto a sobrevivência da tradição quanto os seus destinatários. Para ambos ele é um e o mesmo: entregar-se como ferramenta da classe dominante. Em cada época, deve-se tentar novamente liberar a tradição do conformismo, que está prestes a subjugá-la. Pois o Messias não vem apenas como Redentor, ele vem como o vencedor do Anticristo. Apenas tem o dom de atiçar no passado aquelas centelhas de esperança *o* historiógrafo atravessado por esta certeza: <u>nem os mortos</u> estarão em segurança

---

9 Cf. nota de rodapé referente a esta passagem em M HA tese IV.

10 Esta última frase consta apenas nesta versão, em T1 e em M HA.

11 Cf. no M HA, tese V, nota referente a esta citação de Leopold von Ranke.

12 Cf. nota à tese V de HA assim como o fragmento M 27.

se o inimigo vencer. E esse inimigo não tem cessado de vencer.

VII

"Considera a escuridão e o forte frio
Neste vale onde ecoa a miséria."
(Brecht, Die Dreigroschenoper)
(Ópera dos três vinténs)

Fustel de Coulanges recomendava ao historiador que quisesse reviver uma época, que deveria eliminar da cabeça tudo o que soubesse do que ocorreu posteriormente a ela.[13] Não se pode dar melhor definição do procedimento a que o materialista histórico se contrapõe. É um procedimento de empatia. Sua origem é a inércia do coração, a acedia, que falha em capturar a autêntica imagem histórica, que relampeja fugaz. Para os teólogos medievais, a acedia era o fundamento último da tristeza.[14] Flaubert, que a conhecia de perto, escreveu: "Peu de gens devineront combien il a fallu être triste pour ressusciter Carthage".[15] A natureza dessa tristeza se tornará mais evidente quando nos perguntamos com quem propriamente o historiógrafo do his-

---

13 Benjamin menciona essa mesma passagem no início de sua segunda tese de número XV do M HA. Cf. a nota que introduzimos lá.

14 Com relação ao conceito de acedia na obra de Benjamin, cf. a nota nesta mesma passagem em T1.

15 "Poucas pessoas adivinharão quanta tristeza foi necessária para ressuscitar Cartago." Sobre a origem desta frase de Flaubert e sobre o conceito de "empatia" em Benjamin, cf. nota à tese VII da versão em francês.

Sobre o conceito de História 117

toricismo tem empatia. A resposta é inevitavelmente: com o vencedor. Os que ora dominam são herdeiros de todos os que venceram. A empatia com os vencedores beneficia, portanto, sempre os que ora dominam. Isso diz tudo para o materialista histórico. Todos os que até hoje foram vencedores vão junto ao cortejo triunfal dos dominantes, que marcham sobre aqueles que jazem hoje no chão. Os espólios, como de costume, são levados no cortejo triunfal. São os chamados bens culturais. O materialista histórico os observa sempre com o devido distanciamento. Pois todos os bens culturais que ele contempla têm uma origem sobre a qual não pode refletir sem horror. Devem a sua existência não apenas ao esforço dos grandes gênios, que os criaram, mas também à corveia anônima dos contemporâneos destes. Não há um documento da cultura que não seja ao mesmo tempo um documento da barbárie.[16] E assim como a cultura não está livre da barbárie, assim também ocorre com o processo de sua transmissão, na qual ela é passada adiante. Por isso, na medida do possível, o materialista histórico dela se afasta ao máximo. Ele considera que a sua tarefa é escovar a história a contrapelo.[17]

VIII

A tradição dos oprimidos nos ensina que o "estado de exceção" <<Ausnahmezustand>>, no qual estamos vivendo,

---

16 Cf. a nota à tese VII da versão francesa com relação a essa frase fundamental.

17 Com relação a esse projeto de escovar a história a contrapelo, remeto à nota final a essa mesma tese em T1.

é a regra.[18] Precisamos atingir um conceito de história que corresponda a esse dado. Então, veremos que nossa tarefa é a de induzir ao estado de exceção <u>efetivo</u>; e desse modo, melhorará a nossa posição na luta contra o fascismo. Este tem se aproveitado da situação favorável de que seus adversários se contrapõem a ele em nome do progresso como norma histórica. – O espanto ante o fato de que as coisas que vivemos no século XX "ainda" sejam possíveis não tem *nada* de filosófico. Ele não se encontra no início de um conhecimento, a não ser aquele que aponta para o fato de que a representação da história da qual ele deriva não pode ser sustentada.

IX

> "Minha asa está pronta pro salto
> *Queria era voltar pra trás*
> Se eu ficasse então no tempo vivo
> Teria menos sorte."
>
> Gerhard Scholem: Saudação do Angelus[19]

Há um quadro de Klee que se chama *Angelus Novus*. Nele se apresenta um anjo que parece estar na iminência de afastar-se de algo que ele encara fixamente. Seus olhos estão arregalados, sua boca está aberta e suas asas estão estiradas. É assim que deve parecer o Anjo da História.

---

18 Quanto ao conceito de "estado de exceção", *Ausnahmezustand,* cf. nossa nota à tese VI do M HA.

19 Cf. nota introduzida na tese VII do M HA com relação a este poema.

Sua face se volta para o passado. Lá onde *nós* vemos surgir uma sequência de eventos, *ele* vê uma catástrofe única, que incessantemente empilha escombros sobre escombros e os lança a seus pés. Ele gostaria de se demorar, de despertar os mortos e reunir de novo o que foi esmagado. Mas uma tempestade sopra do paraíso, que se agarra às suas asas, e é tão forte que o Anjo já não as consegue mais fechar. Essa tempestade o leva inexoravelmente para o futuro, para o qual ele dá as costas, enquanto diante dele a pilha de escombros cresce rumo ao céu. Aquilo que chamamos de progresso é *essa* tempestade.

X

Os temas que as regras do claustro ordenavam aos monges para a meditação tinham por função torná-los hostis ao mundo e às suas tribulações. As reflexões que propomos aqui têm um intuito semelhante. No momento em que os políticos nos quais os adversários do fascismo tinham depositado suas esperanças caem por terra, agravando a derrota com a traição à própria causa, tais reflexões pretendem arrancar os rebentos da política[20] das malhas em que foram enredados por esses mesmos políticos. Essa consideração pressupõe que a fé teimosa desses últimos no progresso, a sua confiança no "apoio das massas"[21] e, por fim, seu alinhamento obediente a um

---

20 "Rebentos da política" traduz aqui a expressão "Weltkind". Sobre ela cf. a nossa nota à tese VIII de M HA.

21 Com relação a essa confiança no apoio das massas cf. nossa nota à tese VIII de M HA.

aparelho incontrolável,[22] são os três lados de uma mesma questão. Procura-se assim dar uma noção do quanto *sai caro* aos nossos hábitos mentais buscar uma concepção de história que evite toda cumplicidade com aquela a que tais políticos ainda se aferram.

XI

O conformismo, que desde o começo se sentiu em casa na socialdemocracia, adere não apenas a suas táticas políticas, mas também a suas ideias econômicas. Ele é uma das causas do seu posterior colapso. Não há nada que tenha corrompido mais a classe trabalhadora alemã do que a opinião de que ela estava nadando a favor da corrente. O desenvolvimento técnico era visto como a jusante da correnteza, com a qual ela nadava. Daí só faltava um passo para a ilusão de que o trabalho nas fábricas, que parecia seguir o curso do progresso técnico, representava uma conquista política. A antiga moral protestante do trabalho festejava a sua ressurreição em forma secularizada na classe trabalhadora alemã. O Programa de Gotha já evidenciava as marcas dessa confusão. Ele definia o trabalho como "fonte de toda riqueza e toda cultura."[23] Pressentindo o pior, Marx replicou a isso afirmando que o homem que não possui outra propriedade que a sua força de trabalho "torna-se necessariamente um escravo daqueles que se tornaram...

---

22 Com relação a esse "aparelho incontrolável" cf. nota à tese VIII em M HA.

23 Sobre essa frase e sobre o Programa de Gotha, cf. nota correspondente na tese IXa de M HA.

Sobre o conceito de História 121

proprietários."[24] Independente disso, a confusão se propaga, e pouco depois Josef Dietzgen anunciava: "O trabalho é o Salvador dos novos tempos...No aperfeiçoamento do trabalho...reside a riqueza que agora pode ser produzida e que nenhum Redentor jamais produziu".[25] Esse conceito característico de marxismo vulgar quanto ao que o trabalho é não leva em consideração em que medida os produtos podem afetar os trabalhadores, na medida em que estes não os têm à sua disposição. Ele quer admitir apenas o progresso do domínio da natureza, e não os retrocessos da sociedade.[26] Ele exibe já os traços tecnocráticos que depois se encontram no fascismo. Entre esses, há um conceito de natureza que se destaca de modo ameaçador das utopias socialistas anteriores ao março de 1848. O trabalho, como agora compreendido, visa a uma exploração da natureza, que é associada, de maneira ingênua e complacente, à exploração do proletariado. Comparada a essa concepção positivista,[27] os delírios tão ridicularizados de um Fourier revelam uma surpreendente vitalidade de sentido.[28] De acordo com Fourier, o trabalho social bem organizado teria como consequência quatro luas iluminando a noite terrestre, o gelo retirando-se dos polos, a água do mar deixando de ser salgada, e os animais ferozes ficando a serviço

---

24 Karl Marx, *Crítica ao Programa de Gotha*, op. cit.p. 26.

25 Sobre essa frase de Josef Dietzgen, cf. nota na tese IXa de M HA.

26 Sobre a crítica da técnica nesta tese cf. nota na tese IXa de M HA.

27 Em M HA aqui encontra-se uma interpolada após "positivista": "marxista vulgar."

28 Sobre Charles Fourier e seus falanstérios cf. nota na tese IXa de M HA.

122 — Walter Benjamin

dos homens. Isso tudo serve para ilustrar um trabalho que, longe de explorar a natureza, faz nascer suas criações, que dormem no seu ventre como possibilidades. Ao conceito corrompido de trabalho corresponde, como seu complemento, *a* natureza, a qual, na expressão de Dietzgen, "está aí de graça."[29]

XII

> "Precisamos da História <<Historie>>, mas precisamos dela de modo diferente do que o daquele ocioso mimado andando pelos jardins do conhecimento."
> Nietzsche, Vom Nutzen und Nachteil der Historie für das Leben. (Vantagens e desvantagens da história para a vida)

O sujeito do conhecimento histórico é a própria classe oprimida combatente. Em Marx, ela aparece como a última classe escravizada, como aquela que se vinga, e que vai consumar o trabalho de libertação em nome de gerações de massacrados. Essa consciência, que esteve ativa durante o breve período da "Liga Spartacus",[30] foi sempre incô-

---

29 Sobre essa última citação de Josef Dietzgen cf. nossa nota ao final da tese IXa em M HA.

30 A frase "que esteve ativa durante o breve período da 'Liga Spartacus'" está posta com uma marca a mão entre colchetes e leva um sinal para ser deletada. Lembremos que essa versão foi feita já nos Estados Unidos, a partir de um original desaparecido. Tanto na publicação de 1942 mimeografada em homenagem a Benjamin, como na edição da revista *Neue Rundschau*, de 1950, essa frase

Sobre o conceito de História 123

moda para a socialdemocracia. Ao longo de três décadas, ela quase conseguiu apagar o nome de um Blanqui, que soava retumbante no século passado. Ela preferiu atribuir à classe trabalhadora o papel de salvar as gerações *futuras*. Desse modo, cortou o tendão de suas melhores forças. A classe desaprendeu nessa escola tanto o ódio quanto a capacidade de sacrifício. Pois ambos se alimentam da imagem dos antepassados escravizados, e não do ideal dos descendentes libertos.[31]

XIII

> "Nossa causa está cada dia mais clara e o povo cada dia mais esclarecido."
>
> Wilhelm Dietzgen, Die Religion der Sozialdemokratie. (A Religião da Socialdemocracia)[32]

A teoria e, mais ainda, a práxis da socialdemocracia foram determinadas por um conceito de progresso que não se vinculava à realidade, mas antes a uma posição dogmática.

---

está ausente. Em 1942, em plena guerra e o Instituto de Pesquisas Sociais dependendo da tolerância das autoridades norte-americanas para obter guarida e recursos, Adorno e Horkheimer buscaram uma apresentação mais controlada do texto de Benjamin. Sobre a Liga Spartacus cf. nota referente à tese IX em M HA.

31 Com relação a esta tese no contexto da teoria da história de Benjamin e às variantes dessa tese cf. nota à tese IX em M HA e a nota final à tese XII de T1.

32 O nome correto do autor é Josef Dietzgen e a obra de onde foi extraída esta citação é outra. Cf. nota a esta tese em T1.

Em primeiro lugar, a imagem do progresso que os socialdemocratas desenhavam era a do progresso da humanidade mesma (e não apenas de suas capacidades e conhecimentos). Em segundo lugar, ele era interminável (correspondente a um infinito aperfeiçoamento da humanidade). Em terceiro lugar, era tomado como um processo essencialmente irresistível (percorrendo automaticamente uma trajetória reta ou em espiral). Cada um desses predicados é controverso e é possível criticá-los um por um. Essa crítica deve, contudo, se quisermos chegar ao cerne da questão, ir além de tais predicados, e visar o que eles têm em comum. A ideia de um progresso da humanidade na história é inseparável da ideia de sua marcha em um tempo homogêneo e vazio. A crítica da ideia dessa marcha deve fundamentar a crítica da ideia de progresso em geral.

XIV

> "A origem é a meta."
>
> Karl Kraus, Worte in Versen I
> (Palavras em Versos I)[33]

A história é objeto de uma construção cujo lugar é constituído não pelo tempo homogêneo e vazio, mas por aquele que vem preenchido pelo "tempo-agora".[34] Assim, para Robespierre, a Roma antiga era um passado carregado de

---

33 Cf. nota referente à esta citação na abertura da primeira tese XII em M HA.

34 Com relação ao conceito de *Jetztzeit* e sua tradução cf. nota à primeira tese XII de M HA.

Sobre o conceito de História

tempo-agora, que ele fez explodir do *continuum* da história. A Revolução Francesa compreendia-se como uma Roma ressurgida. Ela citava a Roma antiga exatamente como a moda cita um traje do passado. A moda tem o faro para o atual, onde quer que ele se mova no matagal do outrora. Ela é o salto de tigre em direção ao passado. Só que esse salto se dá numa arena comandada pela classe dominante. O mesmo salto, sob o céu livre da história, é o salto dialético, como Marx concebeu a Revolução.[35]

XV

A consciência de fazer explodir o *continuum* da história é própria das classes revolucionárias no momento de sua ação. A grande Revolução[36] introduziu um novo calendário. O dia que dá início a um calendário funciona como uma câmera rápida da história.[37] E no fundo é esse mesmo dia que retorna sempre, sob a forma dos feriados, dias de reminiscência. Portanto, os calendários não contam o tempo do mesmo modo que os relógios. São monumentos de uma consciência histórica, da qual, há mais de cem anos, não parece haver restado o menor traço na Europa. Ainda na Revolução de Julho houve um caso em que essa consci-

---

35   Sobre essa tese e sobre o conceito de "origem", cf. nosso comentário ao final da primeira tese XII em M HA e a nota final a M 26.

36   Aqui falta a frase que consta na tese XIII de M HA e na XV de T1: "compreendia-se como uma Roma ressurgida, e".

37   Sobre a noção de *Zeitraffer* (câmera rápida) cf. nota a esta passagem em M HA, tese XIII.

ência fez valer o seu direito.[38] Quando a noite do primeiro dia de combate chegou, aconteceu que, em mais de um lugar de Paris, e de maneira independente e ao mesmo tempo, tiros foram disparados contra os relógios das torres. Então uma testemunha ocular, que talvez deva a sua clarividência às rimas, escreveu:

"Qui les croirait! on dit qu'irrités contre l'heure,
De nouveaux Josués, au pied de chaque tour,
Tiraient sur les cadrans pour arrêter le jour."[39]

XVI

O materialista histórico não pode abdicar do conceito de um presente que não seja transição, mas para no tempo e se suspendeu.[40] Pois esse conceito define precisamente *o* presente em que ele escreve história para sua pessoa. O historicismo apresenta a imagem "eterna" do passado, o materialista histórico tem com ele uma experiência única. Ele deixa aos outros a função de se acabarem no bordel do historicismo com a puta do "era uma vez". Ele se mantém

---

38 Nessa passagem Benjamin empregou em M HA e em T1 o termo "Durchbruch", que remete à irrupção, irromper. Cf. quanto a esse fato as notas à tese XIII de M HA e à tese XV da versão francesa.

39 "Quem diria! Irritados contra as horas, / Novos Josués, aos pés de cada torre, / Atiravam contra os relógios, para deter o tempo." Cf. nota de M HA à tese XIII com relação a essa citação.

40 Diferentemente das demais versões, nesta falta o artigo "die" relativo a tempo, o que muda substancialmente o sentido da frase. Aqui "se suspendeu" traduz "zum Stillstand gekommen ist". Sobre a tradução de "Stillstellung" por "suspensão" cf. a nossa nota final a M 19.

Sobre o conceito de História　　　127

senhor de suas forças: viril o bastante para fazer explodir o *continuum* da história.[41]

XVII

O historicismo culmina com razão na História Universal. Talvez mais do que de qualquer outra, a historiografia materialista se afasta dela em seu método. A História Universal não tem uma armadura[42] teórica. Seu procedimento é aditivo; ela usa a massa dos fatos para preencher o tempo homogêneo e vazio. Já o fundamento da historiografia materialista, por sua vez, é um princípio construtivo. O pensar envolve não apenas o movimento dos pensamentos, mas também a sua suspensão. Onde quer que o pensar se detenha subitamente numa constelação saturada de tensões, ele transmite a esta um choque, graças ao qual ele se cristaliza em mônada.[43] O materialista histórico só e tão somente aborda um objeto histórico quando ele se lhe apresenta enquanto mônada. Nessa estrutura ele reconhece o signo de uma suspensão messiânica do acontecido; dito de outro modo, uma oportunidade

---

41　Como indicamos em M HA tese XIV e T 1 tese XVI, esta tese corresponde a uma passagem do ensaio "Eduard Fuchs, o colecionador e o historiador". *Gesammelte Schriften*, vol. II., op. cit., p. 468.

42　Sobre esse conceito de "armadura" cf. nota à tese XV em M HA.

43　Aqui novamente temos variações entre as versões: em M HA, T 1 e T 3 quem se cristaliza em mônada é a constelação, em T 2 e em T 4 é o pensar que o faz. Ver nossa nota à tese XV de M HA onde destaca-se a relação dessa teoria do choque como método do materialista histórico com a teoria da interrupção que Benjamin analisou em seus ensaios sobre Brecht.

128 Walter Benjamin

revolucionária na luta em favor do passado reprimido.[44] Ele percebe nela a ocasião para fazer explodir uma época específica do curso homogêneo da história; assim ele arranca uma vida determinada de uma época; assim, um trabalho determinado de uma obra completa.[45] O ganho desse seu procedimento consiste em preservar e ao mesmo tempo se superar *no* trabalho isolado a obra completa, *na* obra completa a época, e *na* época o período inteiro da história. O fruto nutritivo do que é compreendido historicamente traz o tempo em seu *interior*, como uma semente preciosa, mas desprovida de sabor.

XVIII

"As míseras cinco décadas[46] do homo sapiens", diz um biólogo contemporâneo, "comparadas com a história da vida orgânica na terra representam cerca de dois segundos no final de um dia de vinte e quatro horas. Segundo essa medida, a história da humanidade civilizada preencheria a um quinto do último segundo da última hora." O tempo-agora, que concentra numa abreviação monstruosa a história de toda a humanidade como um modelo do

---

44 Com relação a esse conceito de "passado reprimido" cf. nossa nota na tese XV de M HA.

45 Sobre essa diferença entre "trabalho" e "obra completa" cf. nota à segunda tese XII de M HA.

46 Aqui trata-se, evidentemente, de um erro que não acontece em M HA, na versão francesa ou em T1 e T3, mas que se repete aqui e em T2. Ao invés de "fünf Jahrzehnte", "cinco décadas", como costa aqui, o correto é "fünf Jahrzehntausende", "cinquenta milênios".

Sobre o conceito de História 129

messiânico, coincide precisamente com *a* figura da história humana no universo.

- - - -

A

O historicismo se contenta em estabelecer um nexo causal entre diferentes momentos da história. Mas nenhum fato é histórico por conta de ser meramente uma causa. Ele se torna isso postumamente, através de eventos que podem estar separados dele por milênios. O historiador que parte dessa concepção desiste de deslizar a sequência de eventos entre os dedos como se fossem as contas de um rosário. Ele apreende a constelação, na qual sua própria época entra em contato com uma época anterior, totalmente determinada.[47] Ele funda assim um conceito de presente como o "tempo-agora", atingido por estilhaços do messiânico.

B

Decerto, o tempo, para os adivinhos que inquiriam sobre o que ele trazia escondido em seu seio, não era experienciado nem como algo homogêneo nem como vazio. Quem tem isso em mente pode talvez ter uma ideia[48] de como o tempo passado é experienciado na reminiscência: do mesmo

---

47 Quanto ao apreender a constelação no momento da entrada em contato com a época anterior determinada, cf. nota final à segunda tese de número XV em M HA.

48 Nesta versão T4, como em T1, esta é a única vez que "ideia" não está traduzindo "Vorstellung", mas sim "Begriff". Em M HA ocorre o mesmo sendo que na tese IIa também traduzimos um "Begriff" rasurado por "ideia", conforme indicado na passagem.

modo. Sabemos que os judeus eram proibidos de inquirir sobre futuro. Ao contrário, a Torá e as preces ensinam-lhes a reminiscência. Esta lhes desencantava o futuro, ao qual sucumbiam aqueles que buscavam sabê-lo com os adivinhos. Mas nem por isso, para os judeus, o futuro tornou-se um tempo homogêneo e vazio. Pois nele cada segundo era a portinha por onde o Messias poderia entrar.[49]

---

49 Quanto a essa temporalidade da tradição mística judaica cf. nota final à tese XI em M HA.

<Título e dedicatória da Edição comemorativa de 1942>[1]

À memória de WALTER BENJAMIN
Institut für Sozialforschung, 1942

Dedicamos esta publicação à memória de Walter Benjamin. As teses sobre filosofia da história, que aqui apresentamos, foram o último trabalho de Walter Benjamin.

Max Horkheimer
Theodor Wiesengrund-Adorno

---

1 Aqui traduzimos a página de rosto da publicação da *Zeitschrift für Sozialforschung* (1942), na qual pela primeira vez foram publicadas estas teses de Benjamin.

Manuscritos: Esboços e versões

ARQUIVO I[1]

< A verdadeira imagem do passado escapa rápido>[2]
<<M 1>>[3]

B   <X>3

[A verdadeira imagem do passado escapa rápido.] Só podemos apreender o passado como imagem que, no instante de sua cognoscibilidade, relampeja e some para sempre. Ela é tanto mais fugaz, quanto mais autêntica. [Dela depende a sua gr única oportunidade.] Justamente porque essa verdade é transitória e carrega consigo um

---

1   Esse arquivo constitui um conjunto bastante unitário e composto certamente em torno de 1938-1940.

2   Cf. Tese IV de M HA e V de T1, T2, T3 e T4.

3   Para facilitar a referência a esses fragmentos dos "Manuscritos – esboços e versões" seguimos a numeração dos mesmos pelos editores da *Über den Begriff der Geschichte. Werke und Nachlaß. Kritische Gesamtausgabe*, Frankfurt. A. M.: Suhrkamp, vol. 19, 2010, sendo que foi Gérard Raulet o editor deste volume *Über den Begriff der Geschichte*, a quem devemos também algumas das notas que se seguem referentes à contextualização de alguns autores citados e sobre o estado e características físicas dos documentos tratados.

alento, muito depende dela. [Pois a aparência <<Schein>> espera por seu lugar, que fica melhor junto à Eternidade.][4]

<O mundo messiânico> <<M 2>>

B[14]<~~XX~~>

O mundo messiânico é o mundo da atualidade plena e integral. Apenas nele existe uma História Universal << Universalgeschichte>>. O que hoje se apresenta como tal só pode ser uma espécie de esperanto. Não há nada que lhe corresponda, enquanto durar a confusão que vem ~~começou~~ | da | na torre de Babel. Ele pressupõe a língua na qual todo texto pode ser traduzido por inteiro para outra, viva ou morta. Ou ~~ainda~~ | melhor |, ele é a própria língua. Mas não aquela, escrita; antes pelo contrário, a festivamente realizada. Tal festa está purificada de toda comemoração e não conhece cantos festivos. A sua língua é a própria ideia da prosa, que é compreendida por todas as pessoas como a língua dos pássaros é pelas crianças abençoadas.[5]

---

4   Essa última frase está grifada em vermelho.

5   Todo este fragmento está destacado por um retângulo em vermelho que o contorna. "Crianças abençoadas" traduz a expressão em alemão coloquial "Sonntagskindern", que significa, "crianças nascidas aos domingos". – A história universal, para Benjamin, depende, portanto, para poder se concretizar de modo autêntico, de uma superação da confusão de línguas pós-babélica. Ela requer uma língua, *a* linguagem, para a qual todo e qualquer texto de toda e qualquer língua possa ser traduzido. Tal língua, angelical, é justamente a linguagem pura de que Benjamin falou no trabalho sobre o tradutor ("Die Aufgabe des Übersetzers"), pois só nela as diferentes *visadas* ("Art des Meinens") de todas as línguas

Sobre o conceito de História

< Ela é tanto mais fugaz,> <<M 3>>

Ela é tanto mais fugaz, quanto mais autêntica. Dela depende a sua maior oportunidade. Justamente porque essa verdade é frágil é transitória e carrega consigo um alento, muito depende dela. Pois a aparência espera por seu lugar, que fica melhor junto à Eternidade.[6]

---

estão unidas e se completam. Esta linguagem não conhece os cantos festivos justamente porque ela está aquém de toda intenção, de toda celebração, de toda idolatria, de toda separação. No prefácio do livro sobre o drama barroco alemão, ainda que Benjamin estivesse se referindo aí à *escrita* tratadística, já encontramos esta valorização da forma prosaica no âmbito de uma "exposição contemplativa", "kontemplative Darstellung": "Para ela não constitui objetivo, arrebatar ou entusiasmar. [...] A sua sobriedade prosaica permanece aquém da palavra doutrinária que comanda, e é a única forma de escrita que convém à pesquisa filosófica. – O objeto desta pesquisa são as ideias." (*Gesammelte Schriften*, vol. I, op. cit., p. 209)

6   Essa equação entre autenticidade e fugacidade das imagens do ocorrido (cf. M 1; tese IV de M HA e V de T1, T2, T3 e T4) retoma o tema que vimos ao comentar a tese VII de T1, ou seja, o fato de que a imagem histórica autêntica "relampeja fugaz" em sua relação com as imagens que vão ser fruto da alegorese. Cf. também M 32, M 38 e M 40.

<o que está na base da narrativa pachorrenta do historicismo >[7] <<M 4>>

Cabeçalho   12

Vendo de perto, o que está na base da narrativa pachorrenta do historicismo é a empatia <<Einfühlung>>. Fustel de Coulanges apela para ela, quando ~~recomendava~~ esclarecia aos historiadores que quisessem reviver uma época, que ~~então deviam~~ <x> teriam que eliminar da cabeça tudo o que soubesse do que ocorreu posteriormente a ela[8]. Não se pode caracterizar melhor o método a que o materialista se contrapõe. – O historicismo se contenta em estabelecer um nexo causal entre diferentes ~~elementos~~ momentos da história. Mas nenhum fato[9] é histórico por conta de ser uma causa. Ele se torna isso postumamente, através de

---

7   Este fragmento que se segue corresponde à segunda tese XV de M HA e em parte à VII de T1, T2, T3 e T4. Os nomes dos fragmentos da seção "Manuscritos – esboços e versões" são, com poucas exceções, derivados das palavras iniciais de cada um deles. Como a sintaxe alemã não equivale à do português, nem sempre essa coincidência entre nomeação e palavras iniciais é mantida nos títulos da tradução.

8   Em *Passagens* Benjamin cita essa mesma passagem do historiador francês Fustel de Coulanges (1830-1889) a partir de Julien Benda (*Un régulier dans le siècle*, Paris: Gallimard, 1938, p. 110): "Si vous voulez revivre une époque, oubliez que vous savez ce qui s'est passé après elle." "Se quiserdes reviver uma época, esquecei tudo que sabeis sobre o que se passou depois dela." (*Passagens*, op. cit., p. 514, fragmento N 8a, 3)

9   Aqui Benjamin emprega o termo "Faktum" sendo que na tese XV de M HA ele empregou o termo alemão "Tatbestand", o mesmo ocorrendo no fragmento M 63. Ambos significam "fato".

Sobre o conceito de História 137

eventos que podem estar separados dele por milênios. O historiador que parte dessa concepção desiste de deslizar a sequência de eventos entre os dedos como se fossem as contas de um rosário. Ele apreende a constelação, na qual sua própria época entra em contato com uma época anterior, totalmente determinada.[10] ~~Esse~~ <x>|Ele| ~~conceito de constelação~~ funda |assim| um conceito ~~ca<?>~~ ~~tempo-agora no qual~~ de presente ~~atingido por estilhaços do reino messiânico~~ como tempo-agora, por assim dizer atingido por estilhaços do messiânico. |[Esse Θ conceito cria uma conexão entre a historiografia e a política que é idêntica ~~com a que na teologia~~ com a que se dá na teologia entre a reminiscência e a redenção] Esse presente surge como as

---

10 Com relação a essa apreensão da *constelação* composta pelo agora em que o historiador entra em contato com uma época anterior determinada cf. nota à segunda tese XV em M HA.

imagens que se pode chamar de dialéticas. Elas apresentam um "achado salvífico"[11] da humanidade. |[12]

---

11   "Achado salvífico" traduz aqui "retende Einfall". É importante lembrar que Benjamin, como profundo conhecedor da filosofia primeiro romântica, estava muito familiarizado com esse conceito de "Einfall". Na filosofia primeiro-romântica ele é associado à fantasia e à força do "Witz", o chiste, que muitas vezes surge ao lado do achado: "Witzige Einfall", "achado chistoso". "Einfall" significa uma "ideia que irrompe", numa tradução analítica, ou "pensamento sintético", segundo o próprio Novalis. (*Werke, Tagebücher und Briefe,* org. por H.-J. Mähl e R. Samuel, München: Karl Hanser Verlag, 1978 , vol II, p. 580) Novalis anotou também a importante frase: "O Witz é criador – ele *faz* semelhanças" (Id., p.646), o que é repensado por Benjamin nestas teses a partir da ideia da revolução como encontro e curto-circuito com outra época. A sua marca temporal é a do *momento pontual*: "Witz é a aparição, o relâmpago exterior da fantasia" (Friedrich Schlegel, *Kritische Friedrich-Schlegel-Ausgabe,* org. por Ernst Behler. München/ Paderborn/ Wien: Verlag Ferdinand Schöningh, vol. II, 1967, p. 258) Cf. sobre o "Einfall" com sua relação tanto com o tempo-agora como com a crítica do progresso meu ensaio M. Seligmann-Silva, *Ler o livro do mundo. Walter Benjamin,* op. cit., p. 52-55.

12   Toda essa parte final está grifada e foi em parte posta entre colchetes em negrito.

Sobre o conceito de História   139

< A história é objeto de uma construção>[13] <<M 5>>

8<~~X~~>

A história é objeto de uma construção cujo lugar é constituído não pelo tempo |homogêneo e vazio|, mas por aquele que vem preenchido pelo "tempo-agora". ~~Lá o~~ Onde ~~ele~~ o |passado| está carregado com esse material explosivo, a pesquisa materialista acende o pavio no *continuum* da história. ~~Com esse processo se prepara~~ Nesse ~~processo~~ método se prepara a explosão de uma época para fora ~~dele~~ (assim arranca-se uma vida |humana| da época, e ~~o~~ |um| trabalho isolado, de uma obra completa. O ganho desse |procedimento| ~~método~~ consiste em preservar e ao mesmo tempo se superar <u>no</u> ~~trabalho~~ trabalho isolado a obra completa, <u>na</u> obra completa a época e <u>na</u> época o período inteiro da história. [<u>O princípio |esquema| que está na base do |desse| método é uma dialética em suspensão.</u>][14] O fruto nutritivo do que é compreendido historicamente traz o tempo em seu interior, como uma semente |[núcleo da fruta]| preciosa |[frutífera]| mas contudo ~~não comestível~~ |desprovida de sabor|.

---

13   O esboço seguinte corresponde à segunda teses de número XII de M HA e em parte às teses XIV e XVII de T2 e T4. Como esse fragmento foi escrito nas costas de uma carta do Instituto de Pesquisas Sociais datada de 30/06/1939, sabe-se aproximadamente a data de sua redação.

14   Esta frase está sublinhada em vermelho e colocada entre colchetes em negrito.

Walter Benjamin

<desse conceito de um presente>[15] <<M 6>>

~~O materialismo histórico dialético não pode abdicar~~ A dialética materialista não pode |abdicar| desse conceito de um presente que não seja transição, mas no qual o tempo parou e se suspendeu. Pois esse conceito define exatamente o presente no qual a história é a cada vez escrita. Esse presente é, por mais estranho que pareça, o objeto de uma profecia. Mas ela não anuncia nenhum futuro. Ela só dá aquilo que os sinos anunciaram. E o político é quem mais sabe o quanto para dizê-lo é preciso ser profeta. Esse conceito de presente se encontra em Turgot precisamente ~~em re~~ resumido: "Antes de nós, ele escreve, termos podido obter informações sobre um determinado estado de coisas, ele já se modificou muitas vezes. De modo que sempre ficamos sabendo tarde demais do que aconteceu.[16]

---

15 Cf. com relação a este esboço as teses XIV em M HA bem como a tese XVI de T1, T2, T3 e T4.

16 Apesar de escrito no século XVIII, essa ordem de ideias de Turgot se encaixa com a teoria do *choc*, que Benjamin associa à modernidade em seus trabalhos sobre Baudelaire. No *Sobre alguns temas em Baudelaire* ele pensa a temporalidade dessa modernidade associada ao conceito freudiano de trauma. No trauma impera a temporalidade do *après coup*, a *Nachträglichkeit*, o sempre chegar "tarde demais". (Cf. Caruth, Cathy, "Modalidades do despertar traumático (Freud, Lacan e a ética da memória)", in: A. Nestrovski, M. Seligmann-Silva (org.), *Catástrofe e Representação*, São Paulo: Escuta, 2000, p. 135) É como se quando a realidade traumática nos afrontou nós não estivéssemos em casa para recebe-la e apará-la. Cf. a frase da tese IV de M HA (tese V das demais versões): "A verdadeira imagem do passado escapa <u>rápido</u>", que também nos permite aproximar as imagens da reminiscência que

Sobre o conceito de História   141

Por isso se pode dizer da política que ela, por assim dizer, depende de poder prever o presente."[17] ~~Da~~ O mesmo se pode dizer da história. O historiador é um profeta virado para trás.[18] Ele contempla seu próprio tempo por meio

---

compõem as imagens dialéticas, às imagens do trauma. Ambas têm esse caráter de serem "involuntárias", fugazes, suspensas e de fantasmaticamente nos "perseguirem".

17   Em Turgot no orginal temos: "Avant que nous ayons appris que les choses sont dans une situation déterminée, elles ont déjà changé plusieurs fois. Ainsi nous apercevons toujours les événements trop tard, et la politique a toujours besoin de prévoir, pour ainsi dire, le présent." (*Œuvres de Turgot*, v.II, Paris : Guillaumin 1844, p. 673) Em uma carta de 24/01/1939 a Horkheimer, Benjamin comentou: "Tenho me ocupado com Turgot e alguns outros teóricos para ir atrás dos rastros da história do conceito de progresso. [...] A destruição da representação de um contínuo da cultura, que postulei no ensaio sobre Fuchs, deve ter consequências epistemo-teóricas, entre as quais para mim uma das mais importantes me parece ser a determinação dos limites que são traçados ao emprego do conceito de progresso na história." (*Gesammelte Briefe*, org. Christoph Gödde e H. Lonitz, Frankfurt a.M.: Suhrkamp, 2000, v. VI, p. 198)

18   Essa frase é de Friedrich Schlegel, de suas *Charakteristiken und Kritiken* (1796-1802): "Der Historiker ist ein rückwärts gewandter Prophet." (Schlegel, op. cit., vol. II p. 176 e vol. XVIII, p. 89) Esse topos da "virada" é fundamental nas teses. A imagem mais impactante é a do anjo da história que se volta para o passado que ele vê como uma história catastrófica. No M 22 essa frase de Schlegel é novamente citada (levemente modificada); em M 23 novamente a frase aparece para articular o olhar do historiador ao do visionário; no M 38 Benjamin fala novamente de um visionário que dá as costas ao futuro; e finalmente o M 63 faz um elogio da "Inversão", *Umkehr* e apresenta o juízo final como um presente virado para trás. Sobre a interpretação dessa frase

<<Medium>> dos desastres transcorridos. Assim, é claro, acabou-se para ele a pachorra da narração.

<A lâmpada eterna>[19] <<M 7>>

A

A lâmpada eterna é uma imagem da genuína existência histórica. Ela é a imagem da humanidade redimida – a flama que se acenderá no dia do juízo final, encontrando alimento em tudo o que já aconteceu com a humanidade.

<A grande Revolução> <<M 8>>

~~A grande Revolução cita a Roma antiga~~[20]
{Conexão entre a teimosa crença no progresso e a confiança na base das massas: a acumulação quantitativa deve realizar isso}

~~"A revolução é a locomotiva da História |do mundo|",~~
~~dos viajantes no vagão~~

{O momento destrutivo: desmontagem da História Universal, eliminação do elemento épico, nenhuma

---

na obra de Benjamin remeto ainda a meu ensaio: M. Seligmann-Silva, *Ler o livro do mundo*, op. cit., p. 48.

19 O fragmento seguinte encontra-se marcado por uma moldura riscada em vermelho. Esse fragmento que associa redenção e a conquista de uma memória total da humanidade desdobra ideias contidas na tese IIa de M HA que corresponde à tese III das demais versões.

20 As frases ou fragmentos inteiramente rasurados indicam normalmente que Benjamin considerou que as ideias aí contidas foram incorporadas às teses ou a outros fragmentos. As frases ou fragmentos que marcamos entre chaves { } significa que eles foram riscados na diagonal e não linha a linha.

Sobre o conceito de História

empatia <<Einfühlung>> com o vencedor. A história deve ser escovada a contrapelo. A história da cultura <<Kulturgeschichte>> como tal é descartada: ela deve ser integrada na história das lutas de classes.}
{Exemplo de autêntica representação <<Vorstellung>> histórica: "aos pósteros".[21]
Reivindicamos dos vindouros não um agradecimento por nossas vitórias, mas antes}[22]

> a reminiscência de nossas derrotas. Isso é consolo: o consolo que só pode ser dado àqueles que não têm esperança de consolo

"Considera a escuridão e o forte frio
Neste vale onde ecoa a miséria." ~~(Empatia pelos Vencedores)~~[23]
~~A moda como citação de trajes do passado~~ [24]

---

21 Cf. tese XII de T1.

22 O trecho a seguir está emoldurado por um risco em vermelho. O final da frase sobre dar consolo apenas àqueles que não tem esperança nele remete às palavras finais do ensaio de Benjamin "Goethes Wahlverwandtschaften" ("As *Afinidades Eletivas* de Goethe"): "Nur um der Hoffnungslosen willen ist uns die Hoffnung gegeben." "Apenas por conta dos sem esperança foi-nos dada a esperança." (*Gesammelte Schriften*, vol. I, op. cit., p. 201) Em seu ensaio de 1934 sobre Kafka, Benjamin também cita uma frase de Max Brod que atribuiu a seguinte fala a Kafka: "Ah, sim, há esperança suficiente, esperança infinita — apenas não para nós.'" (*Magia, técnica, arte e política*, op. cit., p. 152)

23 Cf. tese VII em T1 e T4.

24 Com relação à frase seguinte em destaque vermelho cf. Louis Auguste Blanqui, *L'éternité par les astres*. Paris: Librairie Germer

> (considerar também na interpretação da passagem de Blanqui sobre a crinolina)

<Uma concepção <<Vorstellung>> da história>[25] <<M 9>> e <<M 10>>>>

Uma concepção da história livre do esquema da progressão em um tempo vazio e homogêneo, é isso o que a energia destrutiva do materialismo histórico, que até agora esteve estancada, irá finalmente trazer ao campo de

---

Baillière, 1872. Blanqui em uma passagem dessa "especulação cosmológica", como Benjamin chamou a esse impressionante texto que tanto o marcou, faz referência a essas armações de saia do século XIX (a crinolina) ao referir-se às roupas dos extraterrestres. Nessa obra ele defende a tese de que, uma vez que o espaço sideral é infinito e que existe apenas um número reduzido de produtos químicos, necessariamente existiriam infinitos planetas iguais à Terra onde tudo se repetiria. A passagem, digna de um Borges, que tanto admirou esse ensaio de Blanqui também, é essa: "Os curiosos a respeito de vida extraterrestre poderiam sorrir, diante de uma conclusão matemática que outorga a eles não somente imortalidade como também eternidade. O número de nossos sósias é infinito, no tempo e no espaço. Em sã consciência, quem poderia exigir mais? Esses sósias são de carne e osso, quem sabe de pijamas, tecidos em crinolina. Não são fantasmas, são a atualidade, eternizada." (*A eternidade conforme os astros*, organização e apresentação de Márcio Seligmann-Silva, tradução de Pedro Pimenta, São Paulo: Iluminuras, 2018, p. 102)

25 Esse longo fragmento M 9 foi escrito nas costas de um envelope de envio de jornal datado de 28/06/39. Diferentemente do fragmento seguinte, M 10, que foi quase todo cruzado (marca de ter sido utilizado, o que de fato foi na tese VII de T1, T2, T3 e T4) este fragmento não foi riscado em diagonal.

Sobre o conceito de História   145

batalha. Com isso as três mais importantes ~~fortificações do historicismo~~ posições do historicismo iriam começar a vacilar. O primeiro golpe deve ser dado contra a ideia de história universal. A concepção segundo a qual a história da humanidade ~~a partir da~~ se organiza a partir da dos povos é hoje, quando a essência dos povos se obscurece tanto dentro de sua própria estrutura quanto através das suas relações entre si, ~~agora~~ <?> uma evasão típica da preguiça intelectual. (A ideia de uma história universal se sustenta e depende ~~sua armadura~~ da ideia da língua universal. Enquanto essa última possuía um fundamento, seja teológico, como na idade média, seja lógico, como ocorria no tempo de Leibniz, a ~~ideia~~ história universal não era impensável. Por outro lado, a história universal, tal como foi praticada no último século, pode ser apenas uma espécie de esperanto.) – A segunda posição fortificada do historicismo deve ser entrevista na concepção de que a história é algo que se deixa narrar. Em ~~explosão do momento épico pela construtiva~~ uma pesquisa naturalista <?>[26] o momento épico vai ser inevitavelmente explodido no curso da construção. A liquidação do elemento épico deve ser tomada tal e qual Marx, como autor, a empreendeu no *Capital*. Ele reconheceu que a história do capital só podia ser feita sobre a ampla estrutura de aço de uma teoria. ~~No processo de trabalho Na~~ ~~exposição~~ No |plano| <<Aufriss>> teórico de trabalho sob o domínio do capital que Marx estabeleceu em sua obra, ~~se veem~~ estão ~~mais~~ melhor garantidos <<aufgehoben>> os interesses da hu-

---

26 É mais provável que Benjamin tenha escrito materialista, como se lê no fragmento M 63.

manidade do que ~~nos incômodos pachorrentos muito~~ <?> nas obras monumentais e inconvenientes, e basicamente pachorrentas, do historicismo. É mais difícil honrar a memória dos sem-nome do que

~~a dos nobres e dos poetas e dos pensadores~~ a dos famosos e comemorados ~~comandantes aqui,~~

sem excluir a dos poetas e pensadores. A construção histórica deve ser dedicada à memória dos sem-nome. {O terceiro bastião do historicismo é o mais forte e difícil de se atacar de assalto. Ele se apresenta como a "empatia com o vencedor". Os que ora dominam são herdeiros de todos os que venceram alguma vez na história. A empatia com os vencedores beneficia sempre os que ora dominam. Tais fatos são reconhecidos pelo materialista histórico. Ele também leva em consideração que tais fatos estão bem fundamentados. Todos os que até hoje foram vencedores nas milhares de lutas, que se deram ao longo da história, têm sua parte nos triunfos dos atuais dominantes sobre os ~~oprimidos~~ dominados. O inventário dos espólios, que os primeiros apresentam aos últimos, serão examinados pelo materialista histórico de um modo que não será menos do que crítico. Esse inventário será chamado de cultura. O que o materialista histórico observa como bens culturais em seu conjunto têm uma origem que não pode ser contemplada sem horror. Devem sua existência não apenas ao esforço dos ~~das~~ grandes ~~Figuras~~ |gênios|, mas também à corveia anônima dos contemporâneos destes. Não há um documento da cultura que não seja ao mesmo tempo um documento da barbárie. O materialista histórico mantém distância dele. |Ele deverá escovar a história a

Sobre o conceito de História

contrapelo. I – [mesmo que tenha que lançar mão de uma tenaz de fogo para tanto.]}

<"A verdade não escapará de nós">²⁷ <<M 11>>

      A   ~~48~~ <?>4

"A verdade não escapará de nós" – essa frase, de Gottfried Keller, descreve o ~~ponto~~ I lugar I exato em que o materialismo histórico rompe com a imagem que o historicismo tem da história. Pois se trata de uma imagem irrecuperável do passado, que ameaça desaparecer com cada presente, que não se reconheceu visado por ela. A boa nova, que o historiador do passado porta com pulsações velozes, vem de uma boca que, talvez no instante mesmo em que se abre, fala no vazio. [<u>A salvação ~~que~~ que o historiador faz do passado só funciona como algo que estaria irremediavelmente perdido no momento seguinte.</u>]²⁸

V

{A verdadeira imagem do passado <u>escapa</u> rápido. Só podemos apreender o que passou como uma imagem que, no instante de sua cognoscibilidade, ~~lampej~~ relampeja e some.}

---

27 Quanto a esses dois fragmentos a seguir, cf. as teses IV do M HA V de T1, T2, T3 e T4.

28 Última frase posta entre colchete e grifada em vermelho.

148 Walter Benjamin

< Força do ódio em Marx.> <<M 12>>

{Força do ódio em Marx. Ânimo de luta da classe trabalhadora. Entrelaçar a destruição revolucionária com a ideia de redenção. (Netchayev. Os Demônios.)}[29]
{Há a conexão mais íntima entre a ação histórica de uma classe e o conceito que essa classe tem não apenas da história vindoura, mas também da passada. Isso está apenas aparentemente em contradição com aquela constatação de que a consciência da descontinuidade histórica é a característica peculiar das classes revolucionárias no momento de sua ação. Pois não faltam correspondentes históricos para tal fato: Roma para a Revolução Francesa. Entre os proletários essa mencionada conexão fica prejudicada: Nenhuma correspondência histórica foi dada à consciência da ~~pura~~ nova missão, não se deu nenhuma rememoração. No princípio tentou-se cria-la. (cf. A História das Guerras Camponesas de Zimmermann).[30] Enquanto a ideia <<Vorstellung>> do continuum arrasa tudo, a ideia da descontinuidade <<die Vorstellung des Diskontinuums>> é a base da tradição genuína. É necessário mostrar a conexão entre o sentimento de um novo começo e a tradição.}

---

29 Referência ao romance de Dostoievski com o mesmo nome onde o anarquista revolucionário russo Sergei Gennadiyevich Netchayev (1847-1882) desempenha um papel importante. Com relação a esse entrelaçamento entre destruição e redenção na tradição mística judaica cf. o precioso ensaio de Gershon Scholem, *Erlösung durch Sünde*, Frankfurt a. M.: Suhrkamp, 1992.

30 Wilhelm Zimmermann (1807-1878), *Allgemeine Geschichte des großen Bauernkrieges*, Stuttgart: F. Heinrich Köhler, 1841-1843.

Sobre o conceito de História 149

< Esta atualidade>[31] <<M 13>>

XV Esta atualidade é que, ~~A historiografia materialista se contrapõe do modo mais estrito imaginável a qualquer história universal.~~ O historicismo culmina com razão na História Universal. Mais do que de qualquer outra coisa, a historiografia materialista se afasta dela em seu método. A História Universal não tem uma armadura teórica. Seu procedimento é aditivo: ~~ela deixa a massa dos fatos~~ ela usa a massa dos fatos para encher o tempo homogêneo e vazio. Já o fundamento da ~~dessa~~ historiografia materialista, ao contrário, é ~~ao contrário~~ um | verdadeiro | princípio construtivo. ~~Ele entra na estrutu~~ Ele é monadológico. O materialista histórico só e tão somente aborda o passado quando ele se lhe apresenta nessa estrutura, que é |estritamente idêntica| ~~coincide com a~~ à atualidade ~~simples irrestrita~~ messiânica. É graças a ela que ele faz explodir uma determinada Época ~~uma época passada~~ para fora do curso ~~corrido~~ homogêneo da história; assim ele arranca uma vida determinada de uma época; assim, um trabalho determinado de uma obra completa. Dessa forma, |ele| se diferencia do historiador universal de uma forma inconfundível ~~|de uma| forma |clara contra o pensamento da história universal. Ele é rigorosamente monadológico.~~ Seu ~~objeto~~ <<*Gegenstand*>> |objeto| <<*Objekt*>> é monadológico. O ganho ~~desse seu procedimento~~ dessa construção consiste em preservar e ao mesmo tempo se superar <u>no</u> trabalho isolado a obra

---

31 Esse fragmento e o próximo possuem muita semelhança com a tese XV de M HA (que corresponde à tese XVII das demais versões).

completa, na obra completa, a época, e na época o período inteiro da história. O fruto <XXX> <linha com rasura ilegível> nutritivo do que é compreendido historicamente traz o tempo em seu interior, como uma semente preciosa, mas desprovida de sabor.

<O historicismo> <<M 14>>

XV

{O historicismo culmina com razão na História Universal. Talvez mais do que de qualquer outra coisa, a historiografia materialista se afasta dela em seu método. A História Universal não tem sequer uma armadura teórica. Seu procedimento é aditivo: ela usa a massa dos fatos ~~em~~ para |pre|encher o tempo homogêneo e vazio. Já o fundamento da historiografia materialista, por sua vez, é um princípio construtivo. A saber, ele é monadológico. O materialista histórico só e tão somente aborda o passado quando ele se lhe apresenta como ~~essa estrutura~~ |Mônada|, ~~Que para ele nada mais é do que a marca do reconhecimento~~ ~~|Nela ele vê o signo secreto|~~ ~~da suspensão messiânica do acontecido. Essa suspensão desencadeia uma reação.~~ É |graças a| ~~com base~~ ela que ~~para ele~~ |ele| percebe a ocasião para fazer explodir uma época bem específica para fora do curso homogêneo; assim ~~para ele~~ |ele| arranca uma vida determinada de uma época; assim, um trabalho determinado de uma obra completa. O ganho desse seu procedimento consiste em preservar e ao mesmo tempo se superar no trabalho isolado a obra completa, na obra completa, a época, e na época ~~parece~~ o período inteiro da história. O fruto nutritivo do que é compreendido histori-

Sobre o conceito de História 151

camente traz o tempo em seu interior, como uma semente frutífera, mas desprovida de sabor.}

{~~Nela~~ |Nessa estrutura| ele reconhece o signo de uma suspensão messiânica do acontecido; dito de outro modo, ~~uma ocasião situação~~ uma oportunidade revolucionária na luta em favor do passado reprimido. Ele a percebe e explode uma época bem específica do curso homogêneo da história; assim explode}

ARQUIVO II[32]

Problema da Tradição II[33] <<M 15>>

No proletariado, nenhuma correspondência histórica foi derivada da consciência da nova missão. Não havia recordação. (Artificialmente tentou-se criá-la, em obras como a História das Guerras Camponesas de Zimmermann[34] e afins. Mas isto não foi bem sucedido.)

{Há uma tradição dos oprimidos ~~em que a classe trabalhadora~~ na qual a classe trabalhadora aparece como a última classe escravizada, como aquela que se vinga e a libertadora. Essa consciência |foi desde o princípio abando-

---

32 Esse arquivo é composto por fragmentos que remetem também aos estudos de Baudelaire. Ele é composto por papeis dos mais diversos tamanhos e tipos, uma vez que Benjamin utilizava todo tipo de superfície passível de ser escrita para deitar as suas notas. Muitos desses papeis são as costas de cartas, o que auxilia na datação, ainda que aproximada, dos fragmentos e esboços.

33 Cf. tese IX de M HA e tese XII de T1, T2, T3 e T4.

34 Wilhelm Zimmermann, *Allgemeine Geschichte des großen Bauernkrieges*, op.cit.

nada| ~~nunca houve sequer uma centelha de vida~~ |pela| socialdemocracia. Ela atribuiu aos trabalhadores o papel de ~~redenção das gerações vindouras~~ redentores das gerações vindouras. Desse modo, cortou o tendão de suas forças. ~~Ela ficou incapaz tanto de odiar quanto de sacrificar-se~~ A classe desaprendeu nessa escola tanto o ódio quanto o poder de sacrifício. Pois esses dois se alimentam ~~mais~~ das imagens |verdadeiras| dos antepassados escravizados, e não do ideal dos vindouros libertos. Nos inícios da Revolução Russa uma consciência disso estava viva. A frase "nenhuma glória para o vencedor, nenhuma compaixão para os vencidos" é tão comovente porque expressa mais a solidariedade com ~~mortos como~~ os irmãos mortos do que uma com os pósteros.}[35] – "Amo as gerações dos séculos vindouros", escreve o jovem Hölderlin. Mas isso não é igualmente a admissão de uma fraqueza congênita da burguesia alemã?[36]

---

35 Quanto a essa frase da Revolução Russa cf. nossa nota final à tese IX de M HA.

36 Trata-se de uma passagem de uma carta de Hölderlin a seu irmão, provavelmente de 1793, na qual ele diz apostar na melhora do mundo nas gerações futuras. Ela também é citada no fragmento N 13,3 das *Passagens* (op. cit., p. 521), o que mostra a íntima relação entre o trabalho das passagens e as teses, sobretudo tendo-se em conta o arquivo "N" do *Passagens*.

Sobre o conceito de História   153

Nota preliminar[37]   <<M 16>>   {Quando o serviço
da teologia lhes foi assegurado,

Sabe-se que ~~houve~~ |correu| por um tempo uma lenda de
um autômato, construído de maneira tão maravilhosa que,
a cada movimento de um enxadrista, contra-atacava com
um lance correto. Um boneco em túnica de turco, com um
narguilé na boca, sentava-se ante do tabuleiro |e~~quando
a sua mão alcançava as peças para movê-las, era controlada por um mecanismo de relógio, podia-se ver que era
dirigida por um aparelho~~| que ficava sobre uma mesa.
Um sistema de espelhos criava a ilusão de que se podia
ver através da mesa. Na verdade, havia um anão corcunda escondido dentro, o qual era um mestre no xadrez e
manipulava com fios as mãos do boneco, quando achava
a maneira de contra-atacar. Todo aquele que queria con-
frontar o boneco podia sentar-se na cadeira vazia, que estava disponível diante dele. Poderia ~~imaginar~~ tanto mais
facilmente imaginar um equivalente para esse aparato na
filosofia, na medida em que a disputa sobre o verdadeiro
conceito de história se deixa ~~imaginar~~ <<~~vorstellen~~>> pensar <<denken>> na forma de um jogo entre duas partes. Se
depender de mim, deverá sempre vencer o boneco turco
que, para os filósofos, chama-se Materialismo. Sem dúvidas, ele está à altura de qualquer adversário se tomar a
teologia a seu serviço, ela que é hoje pequena e feia e, de
qualquer maneira, não se deixa ver por ninguém.}

---

37 Esse esboço corresponde à tese I de todas as versões.

Perguntas Metódicas III <<M 17>>

Com o ritmo acelerado da tecnologia, ao qual corresponde uma decadência igualmente rápida da tradição, a parte do inconsciente coletivo[38], a face arcaica de uma época revela-se muito mais rápido que antes, mesmo para a que se segue a ela. ~~Isso determina o~~ <?> Daí o olhar surrealista sobre a história.

{À forma do novo meio de produção, que no início ainda é dominada pela do antigo (Marx), corresponde uma consciência onírica na superestrutura, na qual o novo é formado numa configuração <<Gestaltung>> fantástica.

---

38 Benjamin, em seu texto que apresentava um resumo do projeto das *Passagens*, o seu "Paris, a capital do século XIX", também empregou esse conceito de "inconsciente coletivo", associando-o à aparência e a uma crítica da falsa consciência: "O novo é uma qualidade independente do valor de uso da mercadoria. É a origem da aparência que pertence de modo inalienável às imagens produzidas pelo inconsciente coletivo. É a quintessência da falsa consciência cujo agente infatigável é a moda." (*Passagens*, op. cit., p. 48) No fragmento K6, 1, ele trata do conceito de inconsciente coletivo de Jung, que era associado, nas palavras de Jung, a "uma espécie de imagem do mundo atemporal". Dois fragmentos adiante Benjamin associa as teses de Jung ao nacional-socialismo em K6, 3. (Id., p. 444) Benjamin era um crítico das imagens atemporais, arcaicas e míticas. Em um fragmento de 1923 ele formulou que "'Atemporalidade' deve ser revelada como um exponente do conceito burguês de verdade." (*Gesammelte Schriften*, vol. VI, op. cit., p. 50) Cf. ainda o fragmento N3, 2 das *Passagens*: "É importante afastar-se resolutamente do conceito de 'verdade atemporal.'" (Op. cit., p. 505)

Sobre o conceito de História   155

~~Michelle~~ Michellet: "chaque époque rêve la suivante."[39]
Sem esse protótipo <<Vorform>> fantástico na consciência onírica nada surge de novo. Sua manifestação não se
encontra, contudo, apenas na arte. É crucial para o século
XIX que a fantasia <<Phantasie>> em toda parte vai |para|
além de suas fronteiras.[40]}

< Saul com a bruxa de En-Dor> <<M 18>>

Saul com a bruxa de En-Dor[41]
Blanqui sobre a ingratidão dos pósteros (a experiência
que ele tinha que ter feito de seus contemporâneos)
Blanqui pensa até o fim o materialismo, com o qual os políticos se solidarizaram

---

39 "Cada época sonha a seguinte." Citação de "Avenir!, avenir!", in:
    Europe, n. 73, 15.1.1929, p. 6. Trata-se de uma nota de Michellet de
    1839 que ele escreveu já no seu leito de morte à sua esposa.

40 Essa parte é um esboço de um trecho da versão de 1935 de seu
    "Paris, a capital do século XIX" no qual Benjamin elabora a sua
    teoria das "imagens do desejo" e da utopia: "'Cada época sonha
    a seguinte.' [...] À forma do novo meio de produção, que no início
    ainda é dominada por aquela do antigo (Marx), correspondem na
    consciência coletiva imagens nas quais se interpenetram o novo
    e o antigo. Estas imagens são imagens do desejo e nelas o cole-
    tivo procura tanto superar quanto transfigurar as imperfeições
    do produto social, bem como as deficiências da ordem social de
    produção." (*Passagens*, op. cit., p. 41)

41 Cf. no Antigo Testamento I Samuel 28, 5-25 sobre Saul consultan-
    do a pitonisa de En-Dor.

A tarefa do tradutor[42]

Que representação devemos
ter da história <<Geschichte>>

18 S e A, B

<Tinta invisível> <<M 19>>

N11,3 ~~Tinta~~ <in>visível ~~escrever a história significa citá-la N11,3~~[43]

4 sobre a doutrina elementar do materialismo histórico ~~dialético~~

13a,1 ~~index histórico na concepção da felicidade (Preâmbulo II)~~[44]

14, 2 Falta do tempo futuro no indo-germânico pré-histórico[45]

---

42 "Die Aufgabe des Übersetzers", título do ensaio de Benjamin sobre a tradução de 1921/1923.

43 Nesse fragmento N 11, 3 das *Passagens* podemos ler: "Os acontecimentos que cercam o historiador, e dos quais ele mesmo participa, estarão na base de sua apresentação como um texto escrito com tinta invisível. A história que ele submete ao leitor constitui, por assim dizer, as citações deste texto, e somente elas se apresentam de uma maneira legível para todos. Escrever a história significa, portanto, *citar* a história. Ora, no conceito de citação está implícito que o objeto histórico em questão seja arrancado de seu contexto." (Op. cit., p. 518)

44 No fragmento N 13a, 1 das *Passagens* Benjamin cita o trecho de Hermann Lotze sobre a ausência de inveja com relação ao futuro, tratado na tese II.

45 Em *Passagens* (op. cit., p. 522) Benjamin cita um trecho do verbete "Langage d'utilité, langage poétique" da *Encyclopédie Française*

Sobre o conceito de História 157

14a, 4   Lotze sobre a humanidade[46]
6   Princípio causal em Napoleão
15,1   Baudelaire – nuit que ne prend pas place dans l'éternité[47]
10,3   estrutura monadológica do objeto histórico (Pré e pós-história)[48]

~~>9a, 6 Explosivo <<Ekrasite>> do presente~~[49]

~~ad 21a, 2 Paralisação dos relógios na Revolução de Julho~~[50]

(vol. XVI, 16-50, 10), no qual Jean-Richard Bloch afirma, baseado em uma citação de Meillet, que "'"Não temos razão nenhuma para pensar que o indo-europeu pré-histórico tenha em algum momento possuído um verdadeiro futuro' (Meillet).'"

46   Para essa referência de Benjamin e a seguinte cf. *Passagens* (op. cit., p. 523, N14a, 5 e 14a, 6).

47   "noite que não tem lugar na eternidade", diferentemente do que o editor da *Werke und Nachlaß. Kritische Gesamtausgabe* (op. cit., p. 284-285) afirma, não de trata aqui de uma tradução livre que Benjamin teria feito de um verso de "A une passante", mas sim trata-se de uma passagem de Baudelaire que Benjamin cita também em N 15, 1 (*Passagens*, op. cit., p. 523) para pensar um paralelo entre a consciência histórica revolucionária e a experiência do haxixe. Nessa passagem, na qual Baudelaire descreve como sentiu a temporalidade sob o efeito do haxixe, ele narra que era como se a noite tivesse durado apenas alguns segundos ou que não tivesse lugar na eternidade. (*Les paradis artificiels, Œuvres complètes*, Paris: Gallimard, vol. I, 1975, p. 424) Cf. a tese de Benjamin que relaciona o tempo revolucionário com a câmera rápida: tese XIII de M HA e XV das demais versões.

48   N 10, 3, in *Passagens*, op. cit., p. 517.

49   N 9a, 6, in *Passagens*, op. cit., p. 516.

50   No original, cortado por um traço, temos: "Stillstellung der Uhren in der Julirevolution". Trata-se da única ocorrência em

<Problema da tradição I > <<M 20>>

~~Problema da Tradição I~~ A Dialética em suspensão
(Aporia fundamental: "a tradição como o descontínuo
do ocorrido <<Gewesne>> em contraposição à história
<<Historie>> como o contínuo dos acontecimentos". –
"Pode ser que a continuidade da tradição seja aparência.

---

todo o complexo das teses "Sobre o conceito de história" que não
se pode traduzir "Stillstellung" por "suspensão". "Paralisação"
é uma das possibilidades de tradução desse conceito de
"Stillstellung", fundamental nas teses, inclusive porque em português faz referência às lutas operárias (na tese XV de T4 lemos:
"A consciência de fazer explodir o *continuum* da história é própria
das classes revolucionárias no momento de sua ação"), mas optamos por "suspensão" que sem dúvidas fica mais próximo do
original. A ideia de "uma suspensão messiânica do acontecido"
ou de uma "dialética em suspensão" representa melhor o conceito de "Stillstellung" proposto por Benjamin. Em alemão o termo
também é empregado de modo coloquial, como nessa imagem
dos relógios que foram paralisados na Revolução de Julho. Isso
é fundamental, pois essa imagem do relógio paralisado aparece
na tese XIII (M HA) equivalente à XV (T1, T2, T3 e T4). O poema
em francês citado que exemplifica a consciência histórica que ar-
rebenta com o contínuo temporal fala em "arrêter le jour" a partir dos tiros nos quadrantes dos relógios, ou seja, "deter o dia",
como traduzimos, mas também, "parar o dia". "Suspender o dia"
não soaria bem aqui. Em suma, "paralisar" e seus derivados sempre traduzem "Stillstellung" e seus derivados no complexo das
teses, mas não se apresenta como alternativa, pois isso enfraque-
ceria o conceito benjaminiano. Em inglês tem-se o termo perfeito
"standstill", que dá "dialectics at a standstill" e resolve a tarefa
do tradutor com tranquilidade.

Mas então é a permanência desta aparência que cria a continuidade nela.")[51]

(Aporia fundamental: "A história dos oprimidos é uma descontinuidade <<*Diskontinuum*>>" – "Tarefa da história <<Geschichte>> é se apossar da tradição dos oprimidos".) Mais sobre essas aporias: "O continuum da história <<Geschichte>> é o dos opressores. Enquanto a ideia <<Vorstellung>> do continuum arrasa tudo, a ideia da descontinuidade é o fundamento da tradição genuína" - -

{A consciência da descontinuidade histórica é própria das classes revolucionárias no momento de sua ação. Por outro lado, no entanto, existe um forte nexo entre a ação revolucionária de uma classe e o conceito de história (não apenas da que virá, mas também da) ocorrida que essa classe tem. Isso é apenas aparentemente uma contradição: A Revolução francesa retrocedeu, sobre o abismo de dois mil anos, à república romana.}

~~a21a, 1<x>~~

A imagem dialética <<M 21>>

(Se se quiser observar a história como um texto, então vale para ela o que diz um novo

autor sobre a literatura: o passado fixou nela imagens que podem ser comparadas com as das placas fotossensíveis. "Somente o futuro tem à sua disposição reveladores suficientemente fortes para trazer à tona a imagem com

---

51 C. acima a nossa primeira nota à tese IV em M HA quando citamos N3, 1 que desenvolve esses conceitos nas *Passagens*.

160 Walter Benjamin

todos os seus detalhes. Muitas páginas de Marivaux ou de Rousseau trazem um sentido oculto, que os seus leitores contemporâneos não podiam decifrar inteiramente." (Monglond N15a, 1). O método histórico é um método filológico que se baseia no livro da vida. "Ler o que nunca foi escrito", afirma Hofmannsthal. O leitor que se considera aqui é o verdadeiro historiador.)[52]

---

52 Cf. *Passagens*, op. cit., p. 524, N15a, 1, com a citação de André Monglond extraída de seu livro *Le préromantisme français*, vol. I, *Le héros préromantique*, Grenoble: B. Arthaud, 1930, p. XII. A frase de Hugo von Hofmannsthal, extraída de seu drama lírico *Der Tor und der Tod* (*O tolo e a morte*, 1894), restituída a seu contexto, apresenta-se assim: "Wie wundervoll sind diese Wesen,/ Die, was nicht deutbar, dennoch deuten,/ Was nie geschrieben wurde, lesen,/ Verworrenes beherrschend binden/ Und Wege noch im Ewig-Dunkeln finden". ("Quão maravilhosos são esses seres, / Que mesmo o que não pode ser interpretado, interpretam, / Leem o que nunca foi escrito, / Conectam o confuso com controle / E encontram caminhos na escuridão eterna"). Esse fragmento sobrepõe uma teoria fotográfica a uma visão escritural da história. O historiador é tanto aquele fotógrafo do tempo capaz de revelar o passado – em um *kairós* único – como aquele que tem a chave da leitura de uma época que atinge a sua legibilidade em um momento específico. A teoria benjaminiana da história institui a *legibilidade* de outras histórias a partir das lutas que se dão em cada agora. Essa nova legibilidade permite que finalmente a história dos oprimidos seja lida e (re)inscrita. Cf. também o M 40 quanto a essa doutrina da leitura soteriológica da história. Quanto à doutrina da "leitura do mundo" que perpassa esse fragmento remeto ao meu ensaio *Ler o livro do mundo. Walter Benjamin: Romantismo e crítica poética*, op. cit., p. 219 *et passim*. Para teoria da fotografia de Benjamin articulada à sua teoria da história e das imagens dialéticas remeto ao meu trabalho: "Walter Benjamin e a fotografia como segunda técnica", in: *Revista Maracanan*, vol. 12, n. 14, p. 58-74, jan/jun 2016.

Sobre o conceito de História   161

{A multiplicidade de histórias <<Historien>> é ~~em seu ín-~~ ~~timo~~ semelhante à multiplicidade de línguas. A história universal <<Universalgeschichte>> no sentido atual será sempre uma espécie de esperanto. A ideia da história universal é messiânica.}[53]

{O mundo messiânico é o mundo da atualidade plena e integral. Apenas nele existe uma História Universal. Mas não aquela, escrita; antes, a festivamente realizada. Tal festa está purificada de toda comemoração. Ela não conhece cantos festivos. Sua ~~p~~ língua é a da prosa integral, que arrebentou as correntes da escrita e é compreendida por todas as pessoas (como a língua dos pássaros é entendida pelas crianças abençoadas.[54]) – A ideia da prosa coincide com a ideia messiânica da história universal (~~cf.~~ ~~os tipos~~ <?> os tipos de prosa artística como o espectro do histórico-universal – em "O Narrador".[55]}

---

53 Cf. tese IIa de M HA e tese III das demais versões.

54 Como vimos em M 2, "Crianças abençoadas" traduz a expressão em alemão coloquial "Sonntagskindern", que significa, "crianças nascidas aos domingos".

55 No item 12 do ensaio de Benjamin de 1936 "O narrador. Considerações sobre a obra de Nikolai Leskov", Benjamin discute a relação da historiografia com a forma épica nos seguintes termos: "Cada vez que se pretende estudar uma certa forma épica é necessário investigar a relação entre essa forma e a historiografia. Podemos ir mais longe e perguntar se a historiografia não expressa uma zona de indiferenciação criadora com relação a todas as formas épicas. Nesse caso, a história escrita relacionar-se-ia com as formas épicas como a luz branca com as cores do espectro. Como quer que seja, entre todas as formas épicas a crônica é aquela cuja inclusão na luz pura e incolor da história escrita é mais incontes-

O agora da cognoscibilidade[56] <<M 22>>

A afirmação que o historiador é um profeta voltado para trás pode ser entendida de dois modos.[57] O tradicional quer dizer transportado a um passado remoto, o historiador profetiza o que para aquele momento ainda era considerado o futuro, mas, entrementes, também se tornou passado. Essa visão corresponde ~~à~~ exatamente à teoria da empatia histórica que Fustel de Coulanges travestida ~~na frase conselho~~ em seu conselho: Si vous voulez revivre une époque, oubliez que vous savez ce qui s'est passé après elle.[58] – Essa expressão pode ser interpretada e compreendida de modo bem distinto: O ~~futuro, do qual ele nada revela~~ historiador volta as costas ao seu próprio tempo e o seu olhar visionário é acendido pelos picos sempre mais evanescentes no passado da humanidade pretérita.[59]

---

tável. E, no amplo espectro da crônica, todas as maneiras com que uma história pode ser narrada estratificam-se como se fossem variações da mesma cor. O cronista é o narrador da história." (*Magia e técnica, arte e política*, op. cit., p. 225-226) Sobre essa ideia de que "a história escrita relacionar-se-ia com as formas épicas como a luz branca com as cores do espectro" cf. ainda M 43 e M 52.

56 Cf. tese XV de M HA e XVII das demais versões.

57 Cf. acima meus comentários a M 6 nos quais tanto essa afirmação de Friedrich Schlegel sobre o historiador como profeta às avessas, assim como a de Turgot que segue abaixo são contextualizadas.

58 "Se quiserdes reviver uma época, esquecei tudo que sabeis sobre o que se passou depois dela."

59 Aqui e em outros fragmentos destes esboços Benjamin retoma uma passagem de seu ensaio sobre Carl Gustav Jochmann (1790-

Sobre o conceito de História   163

Este olhar visionário está ~~muito mais nítido e pres~~ mais claramente presente ao seu próprio tempo do que os seus contemporâneos, "que mantém o passo com ele". Não por acaso Turgot define ~~esse conceito de presente~~ um conceito de presente, que expressa o objeto intencional de uma profecia, como algo essencial e fundamentalmente político. "Antes de nós termos podido obter informações sobre um determinado estado de coisas, diz Turgot, ele já se modificou muitas vezes. De modo que sempre ficamos sabendo tarde demais do que aconteceu. Por isso se pode dizer da política que ela, por assim dizer, depende exatamente de poder prever o presente." Precisamente esse conceito de presente é aquele que está na base da atualidade da autêntica historiografia. (N8a,3 N12a,1)[60] Aquele que se revira o

---

1830), "Die Rückschritte der Poesie. Von Carl Gustav Jochmann" publicado originalmente na revista do Instituto de Pesquisas Sociais, a *Zeitschrift für Sozialforschung*, (8, 1939) atualmente em *Gesammelte Schriften*, op. cit., vol. II, pp. 572-598. Essa passagem sobre o voltar as costas ao presente e lançar o olhar visionário, *Seherblick*, nos cumes do passado encontra-se às p. 577-578.

60 Cf. *Passagens*, op. cit., p. 514 e 520. Aqui temos uma poderosa teoria da *atualidade*: é atual não quem marca passo com o seu tempo, mas aquele capaz de estabelecer curtos-circuitos com outras épocas. No fragmento N 12a, 1 das *Passagens* Benjamin associa a essa teoria outro conceito fundamental, o de "presença de espírito", "Geistesgegenwart". Antes da citação de Turgot que acabamos de ler, ele escreve: "A presença de espírito como categoria política encontra uma expressão magnífica nestas palavras de Turgot." (Id., p. 520) O historiador guiado por esse conceito extemporâneo de atualidade deve ter faro para encontrar esses momentos do ocorrido que se articulam com o seu instante. Cf. também o final de M 23 e de M 24.

passado como em um quarto de despejo feito de exemplos e analogias não tem ideia do quanto esse passado depende de sua presentificação em um dado instante.

Nota preliminar <<M 23>>

~~Na~~ Com a reminiscência, fazemos uma experiência que nos ~~impede~~ de conceituar a história de modo fundamentalmente ateológico, mas tampouco poderíamos tentar escrevê-la de modo teológico. (N8,1)[61]
Meu pensamento se relaciona com a teologia como o mata-borrão, com a tinta. Ele está completamente saturado dela. Mas, se fosse pelo mata-borrão, não restaria nada do que está escrito. (N7a,7)[62]
{Há um conceito do presente segundo o qual ele apresenta o objeto |intencional| de uma profecia. Esse conceito é o |complemento| |correlato| do <<conceito>> da história <<Geschichte>>, que ~~aqui se desenvolve~~ num relampejo surge como manifestação. Ele tem um fundamento político e assim é definido por Turgot.}
     {encerra a[63]
Esse é o sentido esotérico da máxima o historiador é um profeta voltado para trás. Ele fica de costas para o seu próprio tempo ~~e~~; seu olhar visionário é acendido pelos picos dos primeiros acontecimentos que se perdem no crepúsculo. Esse olhar visionário está mais claramente presente

---

61 Cf. *Passagens*, op. cit., p. 513.

62 Id. Ibd.

63 "encerra a" palavras soltas entre as frases.

Sobre o conceito de História 165

ao seu próprio tempo do que os seus contemporâneos, que "mantém" o passo com ele.}

< Voltando-se às coisas> <<M 24>>

voltando-se às coisas, assim como se diz que o tempo messiânico é fundamentalmente apenas um leve deslocamento <<Verrückung,[64] loucura>> das coisas.

e os seus olhares visionários apanham-nos, por assim dizer, no meio de acontecimentos passados. Ela está mais presente a eles

< O elemento destrutivo ou crítico> <<M 25>>

{O elemento destrutivo ou crítico na historiografia entra em vigor a partir da explosão da continuidade histórica. A autêntica historiografia não escolhe seu objeto de modo leviano. Ela não o apanha, ela o explode para fora do transcorrer histórico. Esse elemento destrutivo da historiografia deve ser concebido como uma reação a uma constelação de perigo, que ameaça <u>tanto</u> o transmitido <u>quanto</u> os destinatários dessa tradição. A historiografia responde à essa constelação de perigo; ela tem que provar nela a sua presença de espírito <<Geistesgegenwart>>. Nessa constelação de perigo a imagem dialética relampeja num clarão. Ela é idêntica ao objeto histórico; ela justifica a explosão do contínuo (N10,1-2-3)[65]}

Tão forte quanto o impulso destrutivo <<destruktive Impuls>> é o impulso de salvação na autêntica historio

---

64 *Verrückung*, deslocamento, mas também, tornar louco.

65 Cf. *Passagens*, op. cit., p. 517.

grafia. De que pode então algum acontecimento ocorrido ser salvo? Não tanto do descrédito e desprezo em que caiu, mas, de um certo modo, de sua tradição. O modo no qual é fruto de uma celebração <<Würdigung>> como "herança" é mais sinistro do que o seu desaparecimento ~~seria~~ poderia ser. (N9,3)[66]

IN9a,5I A apresentação corrente da história preocupa-se em seu âmago em estabelecer uma continuidade. Ela enfatiza os elementos do ocorrido que já foram incluídos na esfera de sua influência. Faltam a ela os lugares onde a tradição se rompeu, e com eles os seus degraus e sinuosidades, que oferecem um apoio a quem quer ir além dela (N9a5).[67]

<Não é que seja> <<M 26>>

Não é que o passado lance sua luz sobre o presente, ou o presente lance sua luz sobre o passado; antes, imagem é aquilo onde o passado encontra-se com o presente numa constelação. Enquanto a relação do outrora <<Einst>> e do agora é uma relação Icontínua I puramente temporal, a relação do passado com o presente é dialética, ~~descontín~~ que salta, originária <<sprunghaft>>. (N2a,3)[68]

---

66 Cf. id, p. 515. Cf. a tese VII em T1, T2, T3 e T4.

67 Cf. id., p. 516.

68 Cf. id., p. 504. Traduzimos aqui a palavra "sprunghaft" por "que salta, originária", para enfatizar essa relação entre o salto e a questão da "origem" *Ursprung* (literalmente: proto salto) em Benjamin. (Cf. nota final da primeira tese de número XII de M HA.) Diferentemente da versão de N 2a, 3 de *Passagens* (que citamos na nota à tese IV de M HA), aqui nessa versão Benjamin ainda não realizara uma distinção mais clara entre os pares da

Sobre o conceito de História 167

historiografia tradicional, que associa um presente (*Gegenwart*) a um passado (*Vergangenheit*), e por outro lado, o da historiografia materialista, que associa um agora (*Jetzt*) a um ocorrido (*Gewesene*). Esse segundo modelo é definido ao final com o termo "sprunghaft", aos saltos, sendo que esse termo é uma chave para a introdução epistemo-crítica ao ensaio sobre o drama barroco alemão, onde Benjamin discute um método de pesquisa pela "origem", *Ursprung*, que seria caracterizado também pelos saltos. Lá ele escreve que "apesar de ser uma categoria plenamente histórica, a origem (*Ursprung*) não tem nada em comum com a gênese (*Entstehung*). 'Origem' não designa o processo de devir 'de algo que nasceu, mas antes aquilo que emerge do processo de devir e desaparecer. A origem insere-se no fluxo do devir como um redemoinho que arrasta no seu movimento o material produzido no processo de gênese. [...] A origem, portanto, não se destaca dos dados factuais, mas tem a ver com a sua pré e pós-história." (*Origem do drama trágico alemão*, op. cit., p. 34) Lembremos também da tese primeira XII de M HA (correspondente à tese XIV de T1, T2, T4) que fala do *salto* tigrino no céu aberto da história. Em M 64 Benjamin vai destacar a importância metodológica do estudo da "Vorgeschichte", pré-história de seu objeto. Quanto a esse método de pensar a partir da "origem" como processo de fluxo e devir cf. uma preciosa passagem do diário de Benjamin de 1931 (trata-se do seu diário com o nome fatídico de "Diário de sete de agosto de mil novecentos e trinta e um até o dia da morte"): "Minha tentativa de expressar a minha concepção de história na qual o conceito de desenvolvimento é totalmente recalcado [*verdrängt*] a favor do de origem. O histórico, assim compreendido, não pode mais ser buscado no leito de um curso do desenvolvimento. Como já escrevi em outro lugar [cf. o trecho citado acima de seu ensaio sobre o drama barroco] no lugar da imagem do leito aparece a do redemoinho. Em tal redemoinho cruzam os primórdios e o tardio, a pré e a pós-história de um fato ou, melhor ainda, um status de ambas. [...] Os

168 · Walter Benjamin

<A imagem relampejante no agora de sua cognoscibilidade>⁶⁹ <<M 27>>

{A imagem relampejante do passado no agora de sua cognoscibilidade é, pela sua própria determinação, uma imagem da recordação <<Erinnerungsbild>>. Ela se assemelha às imagens do nosso próprio passado em que a humanidade se depara no instante do perigo. |Essas imagens ~~são~~ |vêm|, como se sabe, involuntariamente. ~~História~~ <<~~Geschichte~~>> História <<Historie>> em sentido forte é portanto uma ~~arbitrár~~ imagem da memória involuntária[70], uma imagem que se apresenta de repente ao sujeito da história no instante de um perigo.| A autoridade do historiador depende de sua consciência aguda para a crise em que o sujeito da história em dado momento se encontra. Decerto que esse sujeito não é um sujeito transcendental, mas antes a classe oprimida combatente na sua situação mais exposta. O conhecimento histórico existe apenas para ela e unicamente para ela no instante histórico<.> ~~A imagem [dialética] deve ser definida como uma imagem~~

---

dois polos de uma tal concepção são o histórico e o político, ou, poder-se-ia formular de modo bem aguçado: o histórico e o fato." *Gesammelte Schriften. Fragmente, Autobiographische Schriften*, org. R. Tiedemann e Hermann Schweppenhäuser, Frankfurt a. M.: Suhrkamp, vol. VII, 1985, p. 443.

69 Cf. tese V de M HA (na qual o termo "involuntário" aparece, mas é rasurado) correspondente à tese VI de T1, T2, T3 e T4.

70 Essa é a única situação na qual traduzimos "Eingedenken" não por reminiscência, mas sim por "memória", pois Benjamin, como fica claro em seu ensaio sobre Proust, traduz a expressão "mémoire involontaire", "memória involuntária", por "unwillkürlich Eingedenken". (Cf. *Magia e técnica, arte e política*, op. cit., p. 38, nota)

Sobre o conceito de História

~~da recordação~~ Com essa determinação é <<frase interrompida>> Com essa determinação se confirma a liquidação do momento épico na apresentação da história. A recordação involuntária[71] nunca oferece – e nisso ela se distingue da voluntária – um processo, mas em vez disso apenas uma imagem. (Daí a "desordem" como ~~o cânone~~ o espaço imagético da memória involuntária.[72]}

Críticas <<M 28>>
Crítica do progresso – sobre a alegoria –
Crítica da história da cultura e da história da literatura
Crítica da história universal
Crítica da empatia [crítica histórica – citação – imputação]
– introdução –
Crítica da celebração <<Würdigung>>
Crítica da história em compartimentos
Crítica da teoria do progresso infinito
Crítica da teoria do progresso automático
Crítica da teoria de um progresso possível em todos os campos. Em seu elemento profético, não há progresso

---

71 Aqui Benjamin introduz o conceito de "Unwillkürliche Erinnerung", "recordação involuntária", ao invés de seu usual "unwillkürlich Eingedenken". Cf. mais adiante o M 44.

72 O parêntesis não se fecha nessa última frase. "Espaço imagético" traduz aqui "Bildraum" um conceito chave no ensaio de Benjamin sobre o surrealismo (cf. id., p. 34-35). Sobre esse conceito remeto ao meu artigo: M. Seligmann-Silva, "Filosofia da Técnica: Arte como Conquista de um novo campo de ação lúdico (Spielraum) em Benjamin e Flusser", in: *ARTEFILOSOFIA*, No. 26, julho de 2019, p. 52-85. Cf. também aqui M 43 e nota.

da arte. Diferença entre o progresso dos costumes – mas onde está a medida comum? – e o progresso moral, para os quais se apresentam como objeto a medida da vontade pura, do caráter inteligível!
Crítica da teoria do progresso em Marx. O progresso aí definido como desenvolvimento das forças de produção. Mas a elas pertencem o ser humano ou o proletariado. Assim, a questão sobre o critério é apenas deixada de lado.

<A moda> <<M 29>>

A moda sempre coloca a sua folha de parreira[73] no lugar onde se encontra a nudez revolucionária da sociedade. O cabelo no Jugendstil (cf. Nervos) Redon Baudelaire[74] L1a,4 Gidion – sobre a obra de arte na era[75]

---

73 A expressão corrente em alemão "folha de figueira", "Feigenblatt", tem esse significado de algo que oculta, disfarça. Utilizamos a solução proposta pela tradução de *Passagens*, já que essa mesma frase faz parte dos esboços de "Paris, capital do século XIX". *Passagens*, op. cit., p. 997.

74 Cf. em *Passagens* (op. cit., p. 956) essa relação entre o pintor Odilon Redon, Baudelaire e os cabelereiros em Paris. "Nas vitrines dos cabeleireiros veem-se as últimas mulheres de cabelos compridos. Ostentam cabeleireiras volumosas, ricamente onduladas, que são agora 'encaracolados permanentes', penteados artísticos petrificados. Devia-se consagrar pequenas placas votivas àqueles que criaram um mundo próprio a partir destas construções capilares, Baudelaire e Odilon Redon, cujo nome cai como uma mecha lindamente cacheada." Sobre Baudelaire e as construções capilares cf. seu poema "La chevelure".

75 Benjamin remete aqui a um fragmento de *Passagens* (op. cit., p. 451) no qual ele cita o historiador da arquitetura Sigfried Giedion e sua obra que tanto o entusiasmou, *Bauen in Frankreich. Eisen.*

Sobre o conceito de História

No spleen o mais recente se torna passado <u>distante</u>
A Santa Ceia como parábola de efeito histórico
Jochmann contra a teoria da acumulação do progresso[76]
Formas tardias das Passagens: os velódromos
Thiers como urbanista: constrói fortalezas em vez de estações de trem
Gesamtkunstwerk em Saint Simon.[77]

< A curiosidade e a curiosité> <<M 30>>

A curiosidade e a curiosité

~~Teologia como o anão corcunda, a mesa transparente do enxadrista~~

A menor garantia, o caniço que a pessoa que se afoga agarra

Definição do presente como catástrofe; definição a partir do tempo messiânico.

O Messias interrompe a história; o messias não entra no fim do desenvolvimento.

As crianças como representantes do paraíso

~~A história dos oprimidos um descontínuo~~

Eisenbeton (Leipzig/ Berlim: Klinckhardt und Biermann, 1928). Quanto a essa relação de Benjamin com Giedion remeto a meu artigo: "'Viver numa casa de vidro é uma virtude revolucionária por excelência': Walter Benjamin e a paixão pela cidade e pela história 'porosas'", in: *Pandaemonium Germanicum*, São Paulo, v. 23, n. 40, maio-agosto/2020.

76 Cf. N 13, 1 (*Passagens*, op. cit., p. 520).

77 Sobre essa relação entre o pensamento de Saint-Simon e a teoria da obra de arte total, *Gesamtkunstwerk*, cf. *Passagens*, op.cit., p. 623, U 5a, 1.

172   *Walter Benjamin*

~~O proletariado como sucessor dos oprimidos; apagamento dessa consciência pelos marxistas~~

<O eterno retorno> <<M 31>>

[O eterno retorno como pesadelo da consciência histórica]
X ~~Jung quer manter o despertar distante do sonho~~[78]
Três aspectos da flânerie: Balzac, Poe, Engels; o ilusionístico, psicológico, econômico
[Servandoni][79]
~~O novo como contrário do planejado~~
Alegoria e reclame [a personificação das mercadorias em vez dos conceitos; o Jugendstil conduzindo a figura alegórica do reclame]
~~A caissière <<caixa>> como imagem elogiável, como alegoria da caixa~~
Culto ao amor: tentativa de trazer a lume a produção industrial em contraposição à natural.
[O conceito de cultura como o mais alto desdobramento da fantasmagoria]
[O conceito do eterno retorno: o "último contingente" contra a ideia do progresso]
[Aniquilação da fantasmagoria da cultura na ideia do eterno retorno]

---

78   Cf. *Passagens*, op. cit., p. 528, N 18, 4: "O agora da cognoscibilidade é o momento do despertar. (Jung quer manter o despertar longe do sonho.)"

79   Giovanni Niccolo Servandoni (1695-1766), pintor e arquiteto franco-italiano.

Sobre o conceito de História 173

[Odradek e a dialética da mercadoria][80]
[Tentativa de expulsar o ennui através do novo]
[Esperar o novo: no último poema – caminhar em direção
ao novo – mas à morte]

< O esperar como forma de existência > <<M 32>>

~~O esperar como forma de existência dos elementos
parasitários~~[81]
Na imagem dialética temos ao mesmo tempo presentifi-
cado com a coisa mesma a sua origem <<Ursprung>> e a
sua queda. Deveriam ambas ser eternas? (a transitoriedade eterna)
[Será a imagem dialética livre da aparência <<Schein>>?]
X ~~O agora da cognoscibilidade é o instante do despertar~~
~~{Proust: apresentação do despertar]~~[82]

---

80 Sobre a leitura que Benjamin fez desse personagem da narrativa
curta, "Tribulações de um pai de família" de Kafka, cf. *Magia e
técnica, arte e política*, op. cit., p. 152, 171-172.

81 Sobre o esperar como forma de existência cf. essa passagem do
ensaio de Benjamin sobre o surrealismo (in: *Magia e técnica, arte e
política*, op. cit., p. 33): "O homem que lê, que pensa, que espera,
o *flâneur*, pertence, do mesmo modo que o fumador de ópio, o
sonhador e o ébrio, à galeria dos iluminados. E são iluminados
mais profanos." Quanto ao "esperar" cf. também as aparições do
conceito de "esperanto" nestes fragmentos: M 2, 9, 21 e 43.

82 Sobre a cena de abertura de *Em busca do tempo perdido* e a questão do despertar cf. *Passagens*, op. cit., p. 447-448, K8a, 2. Pode-se
falar de uma verdadeira fixação de Benjamin nas imagens que
representam a soleira. Portas, portões das cidades, o despertar e
as passagens de Paris constituem *topoi* fundamentais ao longo da
sua obra. Para Benjamin, cabe ao historiador, na hora do *despertar*,
interpretar as imagens do sonho. A dissolução da mitologia, repre-

174 *Walter Benjamin*

[Hegel sobre a dialética em suspensão]

X ~~A experiência da nossa geração: que o capitalismo não quer morrer de morte natural~~

Pela primeira vez aqui o passado mais novo se transforma em passado <u>distante</u>.

X O Gesamtkunstwerk apresenta uma tentativa de impor à sociedade o mito (sobre o qual Raphael p171[83] fala com razão que é a condição da œuvre d'art intégral) contemporaine de tout le monde[84] e eterno retorno

\<O progresso\> \<\<M 33\>\>

O progresso não se encontra em qualquer relação com a interrupção da história. Essa interrupção fica prejudicada pela doutrina da infinita perfectibilidade.

A destruição como clima da autêntica humanidade. (Proust sobre a bondade) É instrutivo medir o afeto destruidor de Baudelaire com a paixão destrutiva politicamente determinada. A partir desse ponto seu impulso destrutivo aparece talvez mais fraco. Por outro lado, apresentar seu comportamento contra Jeanne Duval[85] como autêntica humanidade em clima de destruição.

Relação entre regressão e destruição

---

sentada tanto pelo culto irracionalista do sonho, como também da razão, pode se dar apenas via o confronto com o âmbito histórico, *Geschichtsraum*. (*Gesammelte Schriften*, vol. V., op. cit., p. 1014)

83 *Proudhon / Marx / Picasso. Trois études sur la sociologie de l'art par Max Raphael*, Paris: Editions Excelsior, 1933, p. 170-171.

84 "Contemporânea de todo o mundo".

85 Jeanne Duval (1820-1862), atriz e dançarina que foi companheira de Baudelaire.

Sobre o conceito de História   175

Função da utopia política: iluminar o setor digno de ser destruído

Minha psicologia do caráter destrutivo[86] e a proletária

Por uma crítica a Blanqui

<A reminiscência como a última esperança[87]> <<M 34>>

A reminiscência como a última esperança

~~A catástrofe é o progresso, o progresso é a catástrofe~~

A catástrofe como o continuum da história

A presença de espírito <<Geistesgegenwart>> como salvação; presença de espírito na apreensão de imagens fugidias; presença de espírito e suspensão <<Stillstellung>>

Ligar isso com a definição da presença de espírito; o que significa: o historiador deve se deixar ir

Legitimação moral, contabilização do interesse pela história

~~O sujeito da história: os oprimidos, não a humanidade~~

~~O contínuo é o dos opressores~~

~~Fazer saltar o presente do contínuo do tempo histórico: tarefa do historiador~~

---

86 Cf. o texto de Benjamin "Der destruktive Charakter", "O caráter destrutivo", de 1931, in: *Gesammelte Schriften, Kleine Prosa, Baudelaire-Übertragungen*, org. Rolf Tiedemann e Hermann Schweppenhäuser, Frankfurt a. M.: Suhrkamp, 1972, vol. IV, p. 396-398.

87 "Strohhalm", canudo ou caniço de palha, mas também utilizado metaforicamente em alemão como "última esperança". Em M 30 traduzimos de modo literal por "caniço" já que a frase utilizou esse sentido literal da palavra.

<Interpretação do Angelus Novus> <<M 35>>

~~Interpretação do Angelus Novus: as asas são velas. O vento, que sopra do Paraíso, agarra-se nelas.~~ – A sociedade sem classes como amortecedor.-

Witiko e Salammbo[88] apresentam suas épocas como fechadas em si mesmas, "imediatas para com Deus". Assim como esses romances fazem explodir o contínuo temporal, a apresentação histórica deve permitir que se faça o mesmo.

Flaubert talvez tenha tido a mais profunda desconfiança possível em relação a todas as representações da história que estavam em voga no século dezenove. Como um teórico da história ele era antes de tudo um niilista.

{O fazer saltar[89] o continuum é algo que as revoluções simbolizam na medida em que elas iniciam uma nova contagem dos anos. Cromwell?}

{É necessária uma teoria da história, a partir da qual se possa encarar o fascismo}[90]

{A ideia[91] do sacrifício não ~~se~~ pode impor-se sem a da redenção ~~viv~~. Tentativa de mover os operários para o sacrifí-

---

88 Referência ao romance de Adalbert Stifter, Witiko (1865-67) sobre os conflitos da nobreza no século XII na Boêmia e ao mencionado romance histórico de Flaubert sobre a primeira guerra púnica entre Roma e Cartago, Salammbô (1862).

89 Grifado em vermelho.

90 Aplicando aqui a teoria da atualidade de Benjamin, nada mais atual do que essa frase de 1939/1940.

91 Grifado em verde.

Sobre o conceito de História   177

cio. Mas não se foi capaz de dar ao indivíduo a ideia de que ele era ~~insubstituível~~ não representável. – Os bolcheviques, no período heroico, alcançaram ~~grandes coisas~~, confessadamente, grandes coisas com o contrário: nenhuma glória para o vencedor, nenhuma compaixão para os vencidos.}[92]

<Categorias> <<M 36>>

~~Categorias a partir das quais o conceito de tempo histórico pode ser desenvolvido~~

{O conceito de tempo histórico está em contraposição à ideia <<Vorstellung>> de um continuum temporal.}

{A lâmpada eterna[93] é uma imagem da genuína existência histórica. Ela cita o ocorrido – a chama, que uma vez foi acessa – in perpetuum, na medida em que ela sempre o alimenta.}

A existência de uma sociedade sem classes não pode ser pensada ao mesmo tempo que a luta por ela. Contudo, o conceito de presente, no sentido em que é obrigatório para o historiador, está necessariamente definido por essas duas ordens temporais. Sem um exame qualquer que seja da sociedade sem classes, só há do passado uma falsificação histórica. Desse modo todo conceito de presente participa do conceito de juízo final.

---

92   Cf. tese IX de M HA e XII de T1 e nota final a essa tese. Cf. ainda o M 15.

93   Grifado em vermelho.

A sentença apócrifa ~~do~~ de um Evangelho: onde alguém estiver, daí é que poderei julgá-lo[94] – lança uma luz peculiar sobre o Juízo Final. |Lembra-se aqui da nota de Kafka: O Dia do Juízo Final é uma lei marcial.[95] Mas algo se acrescenta: o dia do Juízo Final| ~~ele assim~~ |de acordo com tal sentença| não se diferencia de outros. Essa sentença do Evangelho fornece de qualquer modo o cânone para o conceito de presente que o historiador toma para si. Cada instante é juízo sobre certos instantes que o precederam.

~~Excertos do Fuchs~~[96]

‒ ‒ ‒ ‒ ‒ ‒ ‒

---

94 Trata-se de uma máxima de São Justino Mártir (100-165), teólogo romano, "Dialogus cum Tryphone", 47, 5.

95 Trata-se de uma citação abreviada de um aforismo de Kafka de *Hochzeitsvorbereitungen auf dem Lande* (*Cenas de casamento no campo*) (Frankfurt. A.M.: Fischer Verlag, 1991, p. 33): "Nur unser Zeitbegriff läßt uns das Jüngste Gericht so nennen, eigentlich ist es ein Standrecht." "Apenas a nossa concepção de tempo permite chamar o Juízo Final dessa forma, na verdade ele é uma lei marcial."

96 Referência ao seu ensaio "Eduard Fuchs, colecionador e historiador", publicado na *Zeitschrift für Sozialforschung*, v. 6, 1937, n.2. Benjamin desenvolveu algumas das teses sobre filosofia da história já na primeira parte desse ensaio que ele estimava muito.

Sobre o conceito de História   179

NOVAS TESES H[97] <<M 37>>

A dissolução em histórias pragmática<s> não pode benefi-
ciar a história da cultura <<Kulturhistorie>>.[98] Ademais, a
versão pragmática da história não fracassa devido às possíveis exigências que a "ciência rigorosa" impõe em nome
da lei da causalidade. Ela fracassa em função de uma
mudança de ângulo da perspectiva histórica. Uma época
que já não está em condições de clarificar suas posições
de dominação de maneira originária <<originäre>> já não
tem nenhuma relação com a clarificação que beneficiou as
posições de dominação passadas.

---

97 Os editores da *Werke und Nachlaß. Kritische Gesamtausgabe* destacam que nas costas da página que contém essas "Novas teses H"
encontra-se um precioso texto de onze linhas escrito com tinta
muito fraca e de difícil leitura. Trata-se de uma página sobre o
Angelus Novus da tese VII de M HA que equivale à tese IX de T1,
T2, T3 e T4: "Os portões do Paraíso abriram-se para fora quando
Deus / expulsou Adão e Eva do Jardim/ Ele fez com que se levan-
tasse uma violenta ventania. Os portões / despedaçaram-se sob
essa violência. O / Anjo, no entanto, que protegia a esse portão,
uma <?>/ ele <?> estava na iminência de fechar as suas asas/ foi
pego por essa ventania. Ele ainda / vive. Enquanto o Anjo/ for
carregado por essa tempestade, a / humanidade deve seguir o
seu caminho <?>/ Para onde a Ode de Deus foi, lá <X>"

98 Novamente Benjamin realiza sua crítica arrasadora do conceito
de história cultural, associada sempre à história dos vencedores,
linear e progressiva. Cf. M 8: "A história da cultura como tal é
descartada: ela deve ser integrada na história das lutas de classes." Cf. também M 44: "A representação de uma história universal está vinculada à do progresso e da cultura."

{O sujeito da historiografia é, por direito, aquela parte da humanidade cuja solidariedade abarca a todos os oprimidos.[99] Aquela parte que pode correr o maior risco |teórico|, porque é |na prática| a que tem menos a perder.}

{Nem toda história universal deve ser reacionária. A história universal ~~reacionária~~ que o é, é aquela sem princípio construtivo. O princípio construtivo da história universal permite representá-la parcialmente. Trata-se, em outras palavras, de um princípio monadológico. Ele existe na história da salvação.}

~~A ideia da prosa coincide com a ideia messiânica da história universal (Leskov!)~~

<O trecho de Jochmann sobre o olhar visionário> <<M 38>>

~~O trecho de Jochmann sobre o olhar visionário deve ser incorporado aos fundamentos das Passagens~~.

{O olhar visionário[100] se acende no passado que se afasta rapidamente. Isto quer dizer que o vidente se afasta do futuro: ele vê a sua figura no cinza crepuscular do passado que desaparece ~~nas neblinas~~ diante dele na noite dos tempos. Essa relação visionária com o futuro pertence, obrigatoriamente, à atitude, estipulada por Marx, do historiador determinado pela situação social atual.}

A crítica e a profecia deveriam ser as categorias que comparecem na "salvação" do passado?

Como se pode unificar a crítica do passado (cf. Jochmann) com a sua salvação?

---

99 Sobre a solidariedade cf. a tese XII de T1.

100 Grifado em vermelho.

Sobre o conceito de História 181

Registrar a eternidade dos acontecimentos históricos significa, na verdade, agarrar-se ao eterno da sua transitoriedade.[101]

\<Três momentos\> \<\<M 39\>\>

Há que se amalgamar três momentos nos fundamentos da visão materialista da história: [A descontinuidade do tempo histórico]; a força destrutiva da classe trabalhadora; [A tradição dos oprimidos], ~~que os trabalhadores~~

{A tradição dos oprimidos faz da classe trabalhadora a redentora. O erro fatal na visão histórica da socialdemocracia foi: a classe trabalhadora deveria apresentar-se como redentora das gerações futuras. No entanto muito mais decisivamente a sua força redentora deve afirmar-se com relação às gerações anteriores. (Da mesma forma, a sua função de vingadora se associa às gerações anteriores.)}

\< A questão de I\> \<\<M 40\>\>

A questão de I: o que é o objeto histórico?
A resposta de III: a imagem dialética

A imensa fugacidade do autêntico objeto histórico |(flama)| confrontada com a fixidez do filológico. Onde o próprio texto é o absoluto objeto histórico – como na teologia – ele abarca o momento da mais expressiva fugacidade no estado da "Revelação."

A ideia de uma história da humanidade como ideia do texto sagrado. Na realidade sempre se leu a história

---

101 Quanto a essa relação entre eternidade e transitoriedade cf. nosso comentário à tese VII de T1. Cf. ainda M 3, M 32, e M 40.

da humanidade – como profecia – a partir dos textos sagrados.[102]

O novo[103] e o sempre igual <<Immergleiche>> como categorias da manifestação histórica. – Como isso se relaciona com a eternidade?

A resolução da aparência <<Schein>> histórica deve se dar no mesmo passo que a construção da imagem dialética

Figuras da manifestação histórica: I

II Fantasmagoria

III Progresso

<"Celebração" <<"Würdigung">> é empatia com a catástrofe> <<M 41>>

"Celebração" é empatia com a catástrofe
A história <<Geschichte>> não tem como tarefa apenas apoderar-se da tradição dos oprimidos, mas também, fundá-la.

Libertar as forças destrutivas subjacentes à ideia de redenção

{O espanto ante o fato de que "tais coisas" que vivemos no século XX ainda sejam possíveis, tal espanto não tem nada de filosófico. Ele não se encontra na entrada de um conhecimento, a não ser aquele que aponta para o fato de

---

102 Cf. o *topos* da leitura do mundo e do historiador como aquele capaz de reinstaurar a sua legibilidade, ela mesma associada à salvação à profecia e a redenção. Cf. M 21 e suas notas.

103 Grifado em vermelho.

Sobre o conceito de História 183

que o conceito da história do qual ele deriva não possui validade. <</>> não se sustenta}

{Precisamos atingir um conceito de história o~qual para o qual o "estado de exceção" <<Ausnahmezustand>>, no qual estamos vivendo, seja a regra. Então, veremos que nossa tarefa histórica é a de induzir ao estado de exceção; e desse modo, melhorará a nossa posição na luta contra o fascismo. A vantagem que ele mantém sobre a esquerda encontra não por último a sua expressão no fato de que esta se lhe contrapõe em nome da norma histórica, de uma visão mediana da história.}[104]

- - - - - - -

Novas Teses C <<M 42>>

Apenas quando o transcurso da história passa escorre entre as mãos do historiador, liso como um fio liso, é lícito falar de um progresso. Mas se é um cordão solto trançado com múltiplos fios, que cai como trança solta, nenhum deles tem um lugar determinado, enquanto não sejam recolhidos e entrelaçados num coque.

[A concepção fundamental do mito é o mundo como punição – a punição que primeiramente se inflige ao infrator. O eterno retorno cósmico é a projeção de uma punição cósmica daquele que cumpre a pena: a humanidade voltando a escrever seu texto em inumeráveis repetições.] (Éluard: Répétitions)[105]

---

104 Cf. tese VI de M HA e tese VIII de T1, T2, T3 e T4.

105 Paul Eluard, *Répétitions*, Paris: Au Sans Pareil, 1922.

{A eternidade dos castigos do inferno talvez tenha quebrado a mais terrível ponta da antiga ideia do eterno retorno. ~~Pois ela não é nenhuma re~~ Ela cria a eternidade do tormento no lugar da eternidade de um ciclo.}

{Pensando ainda uma vez a ideia do eterno retorno no século dezenove, Nietzsche assume a figura daquele em quem se executa a fatalidade mítica. Pois a essência do acontecimento mítico é o retorno (Sísifo, Danaides)}[106]

Novas Teses K <<M 43>>

"Organizar o pessimismo significa... descobrir o espaço de imagem <<Bildraum>>... no espaço da ação política. Esse espaço de imagem contudo não se deixa medir de forma contemplativa... Esse procurado espaço de imagem,... o mundo de atualidade plena e integral." (Surrealismo[107])

---

106 Esses dois últimos fragmentos também se encontram quase idênticos em *Passagens*, op. cit., p. 159, D 10a, 4.

107 Cf. Benjamin, "O Surrealismo. O último instantâneo da inteligência europeia", in: *Magia e técnica, arte e política*, op. cit., p. 34-35. É fundamental essa articulação que este fragmento realiza entre o trabalho das teses e o ensaio anterior em dez anos, de 1929, sobre o surrealismo. Nesse ensaio Benjamin, inspirado no surrealista Pierre Naville, formulou essa necessidade de *organizar o pessimismo*, o que em 1939 se deu na chave de se vencer o fascismo. Em 1929 Benjamin desenvolveu a ideia de construção de um novo espaço imagético, *Bildraum*, que também teria um elemento corpóreo, sendo chamado de *Leibraum*, como meio de se enfrentar a política reduzida ao falso moralismo. Nas teses a ideia da *virada copernicana* que se torna a virada do anjo da história em direção ao

Sobre o conceito de História   185

| A | redenção é o limes[108] do progresso.

{O mundo messiânico[109] é o mundo da atualidade plena e integral. Apenas nele existe uma História Universal. Mas não aquela, escrita; antes, a festivamente realizada. Tal festa está purificada de toda comemoração. Ela não conhece cantos festivos. Sua língua é a da prosa libertada, que se soltou das algemas ~~de tudo~~ |da| escrita. (A ideia

---

passado, visa alimentar o espaço de imagens com aquelas que permitem a instauração de um autêntico estado de exceção, ou seja, a revolução. Essas imagens apresentam a história dos oprimidos em sua descontinuidade. No ensaio sobre o surrealismo, lemos na passagem que ele cita de modo cortado: "Organizar o pessimismo significa simplesmente extirpar a metáfora moral da esfera da política, e descobrir no espaço da ação política o espaço completo da imagem. Mas esse espaço de imagem não pode mais absolutamente ser medido de forma contemplativa. Se a dupla tarefa da inteligência revolucionária é derrubar a hegemonia intelectual da burguesia e estabelecer um contato com as massas proletárias, ela fracassou quase inteiramente na segunda parte dessa tarefa, pois esta não pode mais ser realizada contemplativamente. [ ] Pois também na pilhéria, no insulto, no mal-entendido, em toda parte em que uma ação produz a imagem a partir de si mesma e é essa imagem, em que a incorpora e devora, em que se perde a própria proximidade de vista – aí abre-se esse espaço de imagens que procuramos, o mundo em sua atualidade completa e multifacetada [ ] Também o coletivo é corpóreo. E a *physis*, que para ele se organiza na técnica, só pode ser engendrada em toda a sua eficácia política e objetiva naquele espaço de imagens que a iluminação profana nos tornou familiar."

108 "Limes" eram as muralhas que demarcavam as fronteiras do império romano.

109 Grifado em vermelho.

186 — Walter Benjamin

da prosa coincide com a ideia messiânica da história universal. Cf. "O Narrador": sobre os tipos de prosa artística como o espectro do histórico.)}[110]

{A multiplicidade[111] de "histórias" <<Historien>> tem estreito parentesco, se não é idêntica, com a multiplicidade de línguas. ~~Uma~~ A história universal |em sentido atual| é sempre uma espécie de esperanto. (Ela ~~fala~~ dá expressão à esperança para a espécie humana tanto quanto o nome o faz para aquela língua universal.)}

‒ ‒ ‒ ‒ ‒ ‒

Novas Teses B <<M 44>>

{A história <<Geschichte>> tem a ver com contextos e com encadeamentos causais tecidos arbitrariamente. Mas enquanto indica a ideia fundamental da citabilidade <<Zitierbarkeit>> de seu objeto, deve este oferecer-se na sua versão mais elevada como um instante da humanidade. O tempo deve estar em suspenso nesse instante.}[112]

---

110 Cf. nota final a M 21.

111 Grifado em vermelho.

112 Benjamin praticou a arte de citar e teorizou a citação ao longo de todo seu trabalho. Cf. a tese IIa de M HA equivalente à tese III de T1, T2, T3 e T4. No seu ensaio sobre o drama barroco alemão ele delineou o procedimento da exposição tratadística em termos que se aproximam muito do seu próprio modo de escrever: para se manter fiel ao objetivo de expor a verdade ele dá ao desvio (*Umweg*) a dignidade de um método: através da *citação* o pensamento retorna sem cessar ao seu objeto, desfolhando, por assim dizer, os seus diversos níveis de sentido (*Sinnstufen*, cf. *Gesammelte Schriften*, vol. I, op. cit., p. 208), concretizando assim

Sobre o conceito de História   187

A imagem dialética é um raio globular[113] <<Kugelblitz>> que atravessa o horizonte inteiro do passado.

{[Articular o passado historicamente significa: reconhecer no passado, o que comparece na constelação de um único e o mesmo instante.] O conhecimento histórico é somente possível no instante histórico.} [Mas o conhecimento no instante histórico é sempre o conhecimento de um instante.] Na medida em que o passado se contrai em um instan-

---

a contemplação *ou* leitura preconizada. A categoria temporal e epistemológica do "tempo-agora" (*Jeztzeit*), que forma uma constelação com os conceitos de "instante" (*Augenblick*), "imagem dialética" (*dialektisches Bild*) e de "suspensão" (*Stillstellung*), rompe com o contínuo e com a falsa totalidade e constitui o momento destrutivo do ato de conhecimento. Benjamin desenvolveu este aspecto destrutivo do processo de conhecimento destacando a força da citação que arranca os elementos dos seus contextos e deste modo lança-os às suas "origens" (faz um "salto") e realiza o ato de conhecimento como leitura, trabalho de *atualização*, de entrecruzar o ocorrido e o agora. No seu ensaio sobre Karl Kraus de 1931, ele falou de uma "liberação materialista do mito" (*Gesammelte Schriften*, vol.II, op. cit., p. 365) que estaria vinculada ao procedimento linguístico de Kraus cujo *gestus* de citação, é descrito por Benjamin como um "arrancar do contexto" ("aus dem Zusammenhang zu reißen", id., p.365), semelhante ao que lemos neste fragmento em torno das teses. Quanto à teoria da citação em Benjamin remeto ao meu ensaio, *Ler o livro do mundo*, op. cit., p. 153, 163, *et passim*.

113 Tipo de fenômeno físico que se popularizou na segunda metade do século XIX, e que foi bastante discutido pela astrofísica no início do século XX a partir da teoria da relatividade: o raio globular é definido a partir de então como uma concentração de luz tão intensa que forma um horizonte de eventos e se fecha em si mesma, formando um buraco negro.

188   *Walter Benjamin*

te – em uma imagem dialética – passa a formar parte da recordação involuntária da humanidade.

{A imagem dialética[114] pode ser definida como a recordação involuntária da humanidade redimida.}[115]

A representação de uma história universal está vinculada à do progresso e da cultura <<Kultur>>. A fim de que todos os instantes da história da humanidade possam ser enfileirados no encadeamento do progresso, devem ser colocados sob o denominador comum da cultura, da ilustração <<Aufklärung>> ~~ou re~~ do espírito objetivo ou como quer que se queira chamar.[116]

---

114 Grifado em vermelho.

115 Sobre essa utopia mnemônica de Benjamin cf. a tese IIa de M HA correspondente à tese III de T1, T2, T3 e T4. A imagem dialética constitui a memória ou recordação involuntária da humanidade, salvando do esquecimento e da destruição a história dos oprimidos que é convertida em pedra de toque da luta revolucionária. Cf. acima M 27 e nossas notas a esse fragmento.

116 Aqui temos uma poderosa crítica do conceito de formação linear que leva ao de "cultura" e se associa à visão (eurocêntrica e iluminista) de progresso. Benjamin rompe de modo radical com esse conceito de formação da cultura.

Sobre o conceito de História   189

ARQUIVO III[117]

<Deve ser permitido imaginar> <<M 45>>[118]

|8a?|

{Deve ser permitido imaginar que nas práticas ~~mânticas~~
|mágicas| 7a[119]
que predizem o futuro, o tempo, ~~quando era question~~
quando era inquirido sobre o que ele trazia escondido em
seu seio, não era imaginado ~~como vazio~~ como algo homo-
gêneo ou vazio. Quem tem isso ~~presente~~ |em mente|, pode
ver ~~mais~~ |melhor| como ~~d~~ a reminiscência presentifica o
~~tempo~~ |passado|: do mesmo modo. ~~O~~ Os ~~reminiscência
nada é~~ Judeus, como sabemos, eram proibidos de inquirir
sobre o futuro. A reminiscência que ~~era a raiz da sua~~ |na
qual nós| podemos ver a quintessência da sua concepção
teológica da história, ~~fechava a mágica colocava-se como
desencantadora da concepção mágica da história~~ |desen-
canta o futuro| ~~o~~ que é servil à magia. ~~Talvez~~ |Mas| ~~é na
experiência mesma do tempo~~ ela não o converte assim em
tempo vazio. Antes, cada segundo é a portinha por onde
o Messias pode entrar ~~e a reminiscência é e~~ <?> o Anjo, em
que ela se move, é a reminiscência.}

---

117 A partir daqui os fragmentos pertencem à esfera das notas reali-
    zadas em torno do projeto de um livro sobre Baudelaire. Como
    as teses "Sobre o Conceito de História" possuem o caráter de
    concentrar a reflexão epistemo-crítica que determina o trabalho
    sobre Baudelaire e o *Passagens* esses fragmentos são igualmente
    importantes para se ler essas teses.

118 Cf. a tese B de T4 e tese XI de M HA.

119 Essas siglas remetem às fichas e notas das *Passagens*.

{Da antiga prática da adivinhação. O tempo, que era inquirido, o que ... oculta, pensado não como ~~vazio~~ homogêneo nem como vazio.}

vazio   homogêneo

~~Neles a reminiscência desencantava~~

~~<X> Passado~~

< O dia que dá início a um calendário> <<M 46>>

{O dia ~~com~~ |que| dá início ~~deu iní~~ a um calendário funciona como uma câmera rápida da história ~~do tempo histórico.~~ [120] E ~~através disso~~ |Também é | no fundo é esse mesmo dia que retorna sempre, sob a forma dos feriados, dias de reminiscência. ~~Seria uma visão equivocada pressupor que o calendário conta o tempo de outra~~ Portanto, os calendários não contam o tempo do mesmo modo que os relógios. ~~Eles isso seus~~ São testemunhas ~~daquilo~~ de que o tempo histórico antes foi melhor ~~conceituado~~ entendido do que desde o meio do século passado. Ainda na Revolução de Julho houve um caso em que ~~essa~~ se pôde presentificar isso.}

{E na verdade é ele quem
sob a forma}

---

120 Sobre a noção de *Zeitraffer* (câmera rápida) cf. nota a esta passagem em M HA, tese XIII. É digno de destaque que em M HA, tese XIII, Benjamin escreve sobre um "historischer Zeitraffer" e aqui neste fragmento sobre um "geschitlicher Zeitraffer", o que aponta para uma certa elasticidade no uso desses conceitos.

Sobre o conceito de História 191

<Quintessência do conhecimento histórico> <<M 47>>

Quintessência do conhecimento histórico: o primeiro olhar nos inícios.[121]

<...medido por esta concepção socialdemocrata provavelmente apenas o seu sentido completo>[122] <<M 48>>

{medido por esta concepção socialdemocrata provavelmente apenas agora o seu sentido completo. Elas ilustram que o trabalho dos harmoniens[123], longe de explorar a natureza, ~~frutificada e completada~~ iria <torná-la> fértil e completa. Ao conceito depravado de trabalho ~~que é comemorado como "moderno Salvador"~~ como exploração da natureza tem-se, como seu complemento,~~um modo~~ a̱ natureza, a qual, na expressão de Dietzgen, "está aí de graça."<X>}

<Joseph Dietzgen> <<M 49>>

Joseph Dietzgen: Sämtliche Schriften I Stuttgart 1919

Sobre o conceito de exploração da natureza: a "natureza grátis disponível" (p 175)
Sobre o conceito do progresso automático: "É de interesse da Comuna abolir-se a propriedade privada do solo e

---

121 Cf. a seguinte passagem em *Rua de mão única*: "Uma vez que começamos a nos orientar no local, aquela imagem primeira não pode nunca restabelecer-se." (Op. cit., p. 44)

122 Esse fragmento contém passagens que correspondem à tese IXa de M HA e à XI de T1, T2, T3 e T4. Nessa passagem Benjamin trata dos falanstérios de Fourier.

123 "Harmoniens" era o nome que Fourier dava aos habitantes de seus Falanstérios.

da terra... Onde ou quando isso deve começar, se por um contrato secreto com Bismark... ou se com as barricadas de Paris... Isso tudo são questões ... ultrapassadas. Nós esperamos pelo nosso tempo... Nossa causa está cada dia mais clara e o povo a cada dia mais esclarecido."[124] (p 176) Sobre o conceito do progresso como um algo infinito: "Apenas o progresso ilimitado é sempre bom." (p 155)[125] Sobre o interior da casinha do porteiro:[126]

<Fato> <<M 50>>[127]

{Fato. Há também evidências de que este é um fato profundamente fundamentado. Os que até hoje foram os vencedores nas milhares de lutas, de que a história está cheia, estes têm tem a sua parte nos triunfos dos que |daqueles que| dominam hoje sobre os |oprimidos|. Os do O inventário de |todo o| espólio, que eles ostentando apresentam aos derrotados, só pode ser observado muito criticamente pelo materialista histórico. Esse inventário é denominado de cultura. Aquilo que o materialista histórico contempla como bens culturais, o que se lhe apresenta como arte e ciência – isso tudo têm uma origem sobre a qual não pode refletir sem horror. Devem a sua existência não apenas ao esforço dos grandes gênios |daqueles| que os criaram, mas também à corveia anônima dos contem-

---

124 Cf. epígrafe da tese XIII em T1, T2. T3 e T4.

125 A citação inteira da frase de Dietzgen é: "Apenas o progresso ilimitado é sempre bom ou absolutamente moral." (Op. cit., p. 155)

126 Esse fragmento relaciona-se ao contexto dos trabalhos sobre Baudelaire.

127 Cf. tese VII de T1, T2, T3 e T4.

Sobre o conceito de História 193

porâneos destes. Não há um documento da cultura que não seja ao mesmo tempo um documento da barbárie. Onde o historicismo celebra a~~ glória dos heróis~~ gênios e heróis, o materialista histórico mantém distância, e teria ~~ele mesmo devia~~ que usar tenazes de fogo.}

- - - - - - -

O conceito de história <<M 51>>

"Histórico <<Historisch>> é o que é ou foi eficaz. O que é eficaz, nós experimentamos primeiro a partir do presente, no qual percebemos imediatamente o efeito. Mas também podemos experienciá-lo no passado, <u>na medida em que fingimos um qualquer momento seu como presente</u>." ~~p 48~~ p 43[128]

"O fundamento e meta de toda pesquisa histórica e de todo trabalho histórico no seu mais limitado detalhe sempre apenas pode ser a história universal." p 41

Eduard Meyer: Kleine Schriften Halle a S 1910 (Zur Theorie und Methodik der Geschichte) ("Sobre a teoria e o método da história")

"Então a questão não é saber como surgiu a escravidão na antiguidade, mas antes esclarecer por que o desenvolvimento moderno, desde os séculos XIV e XV, não levou ao predomínio da escravidão. E aqui a resposta só pode ser

---

128 Nestes três fragmentos Benjamin cita o artigo "Zur Theorie und Methodik der Geschichte" ("Sobre a teoria e o método da história") do alemão, historiador da antiguidade, egiptólogo e orientalista, Eduard Meyer (1855-1930): *Kleine Schriften*, Halle: Max Niemeyer, 1910.

194 *Walter Benjamin*

que este é o momento em que se estabelece a diferença fundamental entre o desenvolvimento cristão-germânico e <o> da antiguidade, apesar de todo o paralelismo. O desenvolvimento ~~cristão~~ da antiguidade progride a partir do isolamento das nações ... ~~até o~~ até chegar à unidade. A Idade Média cristã começou com a unidade e, apesar de todos os elementos de desintegração, preservou a ideia da unidade do gênero humano herdada da antiguidade, pelo menos no que se limita ao cristianismo, e só dentro da sua <moldura> é que criou de novo as nações. Apesar da inimizade e de toda a brutalidade das guerras, era política e culturalmente impossível que uma nação europeia visse as suas vizinhas cristãs como fonte inesgotável de escravos; do mesmo modo que no mundo grego...a... o fundamento ... que afirma que os gregos vencidos não fossem feitos escravos, na verdade sempre preponderou."[129] P 202 (Die Sklaverei im Altertum) (A escravidão na antiguidade)

<A história é choque> <<M 52>>

{Schmidt[130]
~~Sartre: la nausée~~   Recherches philosophiques
Malraux – relação com ele   Sartre
Conceito da pervivência <<Fortleben>>
da obra   Bollnow[131]

---

129 Aqui Benjamin saltou algumas ideias de Meyer. O texto omitido afirma: "do mesmo modo que no mundo grego, apesar de inúmeras exceções do fundamento ético..."

130 Cf. nota à tese XVIII de T1 sobre Robert Schmidt.

131 Otto Friedrich Bollnow (1903-1991), estudou física e apoiou o regime nazista desde a primeira hora, em 1933, tendo sido mem-

Sobre o conceito de História   195

~~Conceito de tradição~~   "Goethe"

Tarefa do Tradutor

~~Fuchs~~

Front contra Dilthey: outros *fronts*?

Jochmann

~~Avenir, décision, individu /passé, tradition, collectivité~~

                 ~~Como base do marxismo~~

A história é o choque entre a tradição e a organização política

Faltam exemplos da historiografia

Espectro da história (Leskov)}[132]

                                Aron[133]

< O conformismo>[134] <<M 53>>

                        IXa

---

bro do partido nazista. Depois da guerra foi professor em Mainz, tendo lecionado a partir de 1953 filosofia moderna, Antropologia filosófica e Ética em Tübingen.

132 Cf. nota final a M 21.

133 Raymond Aron (1905-1983) esteve muito próximo às atividades do Instituto de Pesquisas Sociais e publicou resenhas em sua revista. Ele publicou em 1938 um livro que deve ter interessado a Benjamin: *Introduction à la philosophie de l'histoire. Essai sur les limites de l'objectivité historique*, Paris: Gallimard, 1938. Trata-se de sua tese de doutorado defendida sob a orientação de Léon Brunschvicg.

134 Cf. tese IXa de M HA, mas também a tese XI de T1, T2, T3 e T4. Cf. nossas notas a M 49.

{O conformismo, que desde o começo esteve em casa na socialdemocracia ~~em casa~~, adere não apenas a às suas metas, mas também a seus termos <<Termini>> e<co>nômicos. A relação entre as duas ~~fontes~~ causas e seu posterior colapso é evidente. Qualquer investigação precisa o confirma. "É de interesse da Comuna, diz Dietzgen, ~~que~~ abolir-se a propriedade privada do solo e da terra... Onde ou quando isso deve começar, se por um contrato secreto com Bismark... ou com as barricadas de Paris... Isso tudo são questões ... ultrapassadas. Nós esperamos pelo nosso tempo... Nossa causa está cada dia mais clara e o povo a cada dia mais esclarecido." Não há nada que tenha corrompido mais a classe trabalhadora alemã do que a opinião de que ela estava nadando a favor da corrente. Pois por acaso essa corrente}

ARQUIVO IV[135]

<Sobre a suspensão messiânica do acontecer> <<M 54>>

Sobre a suspensão messiânica do acontecer poder-se--ia consultar a definição de "estilo clássico" de Focillon: "Brève minute de pleine possession des formes, il se présente...comme un bonheur rapide, comme ἀκμή <<acmé>> des grecs: le fléau de la balance n'oscille plus que faiblement. Ce que j'attends, ce n'est pas de la voir bientôt de nouveau pencher, encore moins le moment de la fixité absolue, mais, dans le miracle de cette immobilité hésitante, le tremblement léger, imperceptible, qui ~~me dit qu'il~~ m'in-

---

135 Na edição dos *Gesammelte Schriften* de Benjamin esses fragmentos são arrolados como estágios preparatórios e paralipomena das teses.

Sobre o conceito de História 197

dique qu'elle vit." Henri Focillon: Vie des formes Paris 1934 p 18 << Breve minuto de plena posse das formas, ele se apresenta... como uma felicidade rápida, como a ἀκμή << acme>> dos gregos: o fiel da balança oscila bem pouco. O que eu espero, não é vê-la pender novamente, e menos ainda o equilíbrio absoluto, mas, no milagre dessa imobilidade hesitante, o leve tremular, imperceptível, que ~~me diz que~~ me indica que ela está viva. >>[136]

<Focillon sobre a obra de arte> <<M 55>>

Focillon sobre a obra de arte: « A l'instant où elle naît, elle est un phénomène de rupture. Une expression courante

---

136 Henri Focillon (1881-1943) foi diretor do museu de arte de Lyon e professor de história da arte. Essa passagem de seu *Vie des formes* (Paris: Imprimerie des Presses Universitaires de France, Librairie Ernst Leroux, 1934, p. 18) é particularmente interessante no contexto que Benjamin a coloca, a saber, como um paralelo ao que ele entende por "suspensão messiânica do acontecer". Esse momento fugaz, o "milagre dessa imobilidade hesitante" retoma o conceito de "graça" (*Anmut*, na teoria estética alemã) da teoria estética do século XVIII, que se relacionava com a "beleza do movimento" (apenas indicado, anunciado, nas artes visuais, sobretudo na pintura e na escultura). O pai do classicismo alemão, Winckelmann formulou de modo canônico que ecoaria depois em Goethe o ideal que estava por detrás dessa noção de "graça": "O sinal distintivo universal principal das obras-primas gregas na pintura e na escultura é [...] uma nobre simplicidade [*edle Einfalt*] e uma grandeza quieta [*stille Grösse*] tanto no posicionamento quanto na expressão. Assim como as profundezas do mar sempre permanecem calmas, por mais que a superfície se enfureça, do mesmo modo a expressão nas figuras dos gregos mostra, em todas as paixões, uma alma grande e sedimentada". (Johann Joachim Winckelmann. *Von der Nachahmung der griechischen Werke in der Malerei und Bildhauerkunst.*

nous le fait vivement sentir: 'faire date', ce n'est pas inter-
venir passivement dans la chronologie, c'est brusquer le
moment.» << No instante em que nasce, ela é fenômeno de
ruptura. Uma expressão cotidiana nos permite sentir bem
isso: "ficar para a história", não significa intervir passiva-
mente na cronologia, mas precipitar o momento. >>

> Henri Focillon: Vie des formes, 1934 p 94

<O credo do historicismo> <<M 56>>

O credo do historicismo segundo Louis Dimier
(L'évolution contre l'esprit Paris p 46/47)[137]
"É a curiosidade do fato que impulsiona à pesquisa do
historiador: é a curiosidade do fato que atrai e encanta seu
leitor... As testemunhas... fazem com que não duvidemos
da coisa, é seu encadeamento ~~que~~ natural que consuma a
sua persuasão... O resultado é que o fato permanece inteiro, intacto... Toda a sua arte se resume a não tocar ne-
les, a observar o que Fustel de Coulanges chamou bem
de 'a castidade da história'" – deve-se notar que no pano
de fundo desse credo de Dimier está o pensamento sobre

In: Winckelmann, Anton Raphael Mengs e Wilhelm Heinse,
Frühklassizismus. Helmut Pfotenhauer et al. orgs. Frankfurt a.M.:
Deutsche Klassiker Verlag, 1995, p. 30) Essa constelação de conceitos será fundamental também na estética de Lessing e de Schiller,
estando na origem também do moderno conceito de "Sublime",
o "Erhabene", do qual Benjamin se aproxima por muitos canais,
como este aqui indicado por essa citação de Focillon.

137 Louis Dimier (1865-1943), historiador da arte conservador, crítico
da Revolução francesa, publicou seu livro L '*évolution contre l'esprit* em Paris (Editions Spes) em 1939, o que permite uma datação
aproximada para esse fragmento.

Sobre o conceito de História

as testemunhas do antigo e do novo testamento, ~~inlcusi~~ incluindo-se os milagres testemunhados, que são defendidos no capítulo com uma grande variedade de sutilezas. O positivismo gritante desta profissão de fé é, portanto, uma aparência. (Cf. p 183)

Dimier (p 76/84) contra o conceito de do progresso da humanidade: "na natureza física, a evolução não é indefinida; ela tem um fim. A bolota se transforma em carvalho e em nada mais... A espécie, longe de sobreviver ao indivíduo, começa a morrer com ele,... de modo que não sendo o sujeito de nenhuma continuidade, ela não pode ser sujeito de nenhum desenvolvimento, e menos ainda de um desenvolvimento de que o indivíduo não faz a menor ideia... Não apenas não há nenhum fundamento, mas ainda menos falta uma evidência, tomando-se os exemplos da natureza física, à quimera da evolução que se imprime à história do espírito...<por> Comte... É, portanto, à toa que se considera a evolução uma lei revelada pela história; ela sequer está esboçada nesta. Essa lenta formação da moral e da razão, que nos oferecem, não se funda em nenhum testemunho... Nada é, portanto, tão semelhante em figuras diversas quanto a humanidade ao longo dos tempos... O mesmo gênio criador operando, a mesma impotência... que só colhe bons frutos. De modo que apenas se cai das nuvens quando... Profissionais do Pensamento não cansam de descobrir nesse progresso cego... e precário, um movimento da 'razão universal'."

< A empatia com o passado> <<M 57>>

A empatia com o passado, em última análise, serve à sua presentificação <<Vergegenwärtigung>>. Não é à toa que a tendência para esta última vai muito bem acompanhada de uma concepção positivista de história (o que fica evidente na obra de Eduard Meyer). A projeção do passado no presente ~~adula~~ é ~~na~~, no domínio da história, análogo à ~~projeção em configurações ideais~~ substituição de configurações idênticas para as mudanças no mundo dos corpos. As últimas foram apresentadas como fundamento das ciências da natureza por Meyerson. ("De l'explication dans les sciences") ("Sobre a explicação nas ciências")<.>[138] A primeira é a ~~base~~ |quintessência| ~~do científico~~ do que para o positivimo é propriamente ~~a qualidade~~ o caráter "científico" da história. É comprado com a erradicação completa de tudo o que recorda a sua determinação original como reminiscência. A falsa vivacidade da presentificação, a remoção ~~do "lamento" da hist~~ de cada eco do "lamento" da história, significa a sua submissão definitiva ao conceito moderno de ciência.

Em outras palavras, ~~não~~ pretender encontrar "leis" para o curso dos acontecimentos na história não é a única, e muito menos a forma mais sutil de tentar alinhar a historiografia com a ciência natural. A ideia de que é tarefa do historiador "presentificar" o passado sofre da mesma desonestidade, embora esta seja muito menos evidente.

---

138 Emile Meyerson (1859-1933), foi um polonês naturalizado francês que compôs uma teoria do conhecimento crítica ao positivismo, particularmente contra Auguste Comte. Benjamin trocou cartas com ele em 1922, quando pretendia fundar uma revista, a "Angelus Novus", e convidou Meyerson para contribuir com ela.

Sobre o conceito de História 201

<Marx secularizou a ideia de tempo messiânico>[139]
<<M 58>>

{Marx secularizou a ideia de tempo messiânico com a sua ideia de sociedade sem classes. E foi bom assim. A desgraça se iniciou quando a socialdemocracia elevou essa ideia à categoria de "Ideal". O ~~conceito de Ideal~~ Ideal foi definido dentro da doutrina ~~filosófica~~ neokantiana como uma "tarefa infinita". E essa doutrina foi a filosofia elementar do <x> partido socialdemocrata – de Schmidt e Stadler até Natorp e Vorländer. Uma vez que a sociedade sem classes foi definida como tarefa infinita, então o tempo vazio e homogêneo se transforma, por assim dizer, em uma antecâmara, na qual pode-se aguardar com certa serenidade pela entrada da situação revolucionária. Na verdade, não existe um instante que não traga consigo a *sua* oportunidade revolucionária – ela deve apenas ser definida como uma <oportunidade> específica, a saber, como oportunidade de uma solução completamente nova diante de uma tarefa completamente nova. É da situação política que o pensador revolucionário confirma a oportunidade revolucionária singular de cada instante histórico. Ela, porém, confirma-se a ele não em menor medida com base em um poder irrenunciável desse instante sobre uma câmara do passado bem determinada, até então ~~bem~~ fechada. A entrada nessa câmara coincide precisamente com a ação política; e é por essa entrada que a ação, por mais aniquiladora que seja, dá-se a conhecer como messiânica. [A sociedade sem classes não é a meta final do progresso na

---

139 Esse fragmento corresponde à tese XVIII que aparece apenas em T1.

história, mas antes a sua interrupção, tão frequentemente fracassada, e finalmente realizada.]}

<O Materialista histórico> <<M 59>>

O materialista histórico, que ~~examina os fundamentos os conceitos fundamentais da hist as forças fundamentais da história~~ examina a estrutura da história realiza ao seu modo um tipo de análise espectral. Como o físico detecta o ultravioleta no espectro solar, assim ele detecta uma força messiânica na história. Quem quiser saber em que condição se encontra a "humanidade redimida", a que relações está sujeita a realização dessa condição, e quando se poderá contar com ela, esse faz perguntas para as quais não há respostas. Equivale a perguntar qual é a cor dos raios ultravioletas.

< Marx afirma> <<M 60>>

Marx afirma que as revoluções são as locomotivas da história do mundo. Mas talvez isso seja totalmente diferente. Talvez as revoluções sejam o acionar do freio de emergência pela humanidade que viaja neste trem.

<lista de livros> <<M 61>>

Faulcner:[140] Lumière d'août

Schelling: Philosophie der Offenbarung (Filosofia da revelação)

>Untermann die logischen Mängel des engern Marxismus[141] (As faltas lógicas do marxismo restrito)

> Pierre Janet [sobre a épuration du temps][142]

Witiko[143]

Salambo

~~Combien il faut être triste pour reconstruire Carthage~~

~~acedia~~

~~e historicismo~~[144]

Jochmann contra a teoria da acumulação do progresso p109[145]

Rickert: a criação de conceitos sobre as fronteiras das ciências da natureza[146]

Meyerson: L'explication dans les sciences

---

140 Trata-se de William Faulkner. A tradução francesa do seu romance *Light in August* foi publicada em 1935, pela Gallimard.

141 Ernst Untermann, *Die logischen Mängel des engeren Marxismus. Georg Plecharow et alii gegen Josef Dietzgen*, org. por Eugen Dietzgen, München: Verlag der Dietzgenschen Philosophie, 1910.

142 Cf. o livro do psicólogo Pierre Janet (1859-1947), *L'évolution de la mémoire et de la notion du temps* (1928).

143 Sobre este livro de Stifter e o *Salammbô* de Flaubert, cf. nota a M 35.

144 Cf. tese VII de M HA correspondente à IX de T1, T2, T3 e T4.

145 Cf. Carl Gustav Jochmann, *Reliquien. Aus seinen nachgelassenen Papieren.*, v. II, Hechingen: Verlag der F. X. Riblerschen Hofbuchhandlung, 1837.

146 Cf. Heinrich Rickert *Die Grenzen der naturwissenschaftlichen Begriffsbildung. Eine logische Einleitung in die historischen Wissenschaften*, Tübingen e Leipzig: J. C. B. Mohr, 1902.

Fustel de Coulanges: La manière d'écrire l'histoire[147]
(Revue des deux mondes 1 septembre 1872)

<Na obra de Marx, podem-se> <<M 62>>

Na obra de Marx, ~~podem-se ressaltar três conceit concep-ções~~ podem-se ressaltar três conceitos fundamentais, e ~~ne-les~~ observar a inteira armadura teórica como tentativa de soldar esses três conceitos entre si. Trata-se da luta de classes do proletariado, ~~da hist~~ do curso do desenvolvimento histórico (o progresso), e da sociedade sem classes. Em Marx, a estrutura fundamental do pensamento se apresenta do seguinte modo: através de uma série de lutas de classe a humanidade chega, no curso do desenvolvimento histórico, à sociedade sem classes. = Mas a sociedade sem classes não é deve ser concebida como o ponto final do desenvolvimento histórico. A partir dessa concepção errônea, entre outras coisas, as epígonos desenvolveram a ~~reflex~~ ideia da "situação revolucionária", que, como se sabe, nunca quis vir = É preciso devolver novamente a verdadeira face messiânica ao conceito de sociedade sem classes, sobretudo no interesse da própria política revolucionária do proletariado.

< O historicismo se contenta> <<M 63>>

XVa

[O historicismo se contenta em estabelecer um nexo causal entre eventos sucessivos da história. Mas nenhum fato <<Tatbestand>> é histórico por conta de ser meramente

---

147 Cf. nota à tese XV de M HA.

Sobre o conceito de História

uma causa. Ele se torna isso postumamente, através de eventos que podem estar separados dele por milênios. O historiador que parte dessa concepção desiste de deslizar a sequência de eventos entre os dedos como se fossem as contas de um rosário. Ele não está mais sujeito à ideia de que a história é algo que se deixa narrar.] Em uma investigação materialista ~~o elemento épico deve~~, a continuidade épica cairá por terra, em favor de um raciocínio construtivo. Marx reconheceu que "a história" do capital se apresentava como a estrutura de aço, de maior resistência, de sua teoria. ~~Ele captou a constel construiu nessa estrutura a constelação, em [Através da constelação em que sua própria época entrou em contato com momentos específicos da história passada, ele viu se desenhar essa estrutura]. Ele~~ |Ela| capta a constelação na qual a sua própria época entrou em contato com momentos iniciais da história muito específicos. ~~Ele erigiu~~ |Ela contém| um conceito de presente como o tempo-agora, atingido por estilhaços do messiânico.][148]

<"A revolução é a locomotiva da história do mundo"> <<M 64>>

"A revolução é a locomotiva da história do mundo" (os passageiros no vagão[149])

---

148 Os colchetes que se encontram no início e final deste fragmento foram de início inscritos a mão com tinta preta e depois refeitos com tinta vermelha. Cf. M 4 e sua nota.

149 No texto consta "Wagogon" ("vagãoão") sem correção. Em M 8 está escrito corretamente.

A confiança na acumulação quantitativa é subjacente tanto à crença teimosa no progresso quanto à confiança na "base de massa".

Dimensão política e histórico-filosófica do conceito de inversão <<Umkehr>>. O dia do juízo final é um presente virado para trás.[150]

Significado metodológico do confronto de cada época tratada com a sua pré-história, que está presente tanto nos trabalhos sobre o cinema (na caracterização do valor de culto <)> e sobre Baudelaire (na caracterização da aura).[151] Na força desse confronto, cada época tratada se torna <u>solidária</u> com o presente atual do historiógrafo.

---

150 Como vimos, este fragmento em forma de aforismo é fundamental e resume muitos dos elementos das teses. Cf. tese IIa de M HA (correspondente às teses III de T1, T2, T3 e T4). A reviravolta no pensamento histórico se dá a partir desse peso filosófico-histórico atribuído ao conceito de "Umkehr", inversão. A redenção (o juízo final) sendo o local dessa salvação integral do passado. Como na peripécia trágica tratada por Aristóteles, a virada também é o ponto central que estrutura essa narrativa fragmentada das teses.

151 Cf. o ensaio de Benjamin, *A obra de arte na era de sua reprodutibilidade técnica*, 2013, op. cit., p. 55-64 *et passim*. Note-se que Benjamin trata nesse ensaio tanto da aura como da questão do "valor de culto" das obras, que ele opõe ao "valor de exposição". Sobre a noção de "pré-história" cf. acima nota a M 26.

Alameda nas redes sociais:
Site: www.alamedaeditorial.com.br
Facebook.com/alamedaeditorial/
Twitter.com/editoraalameda
Instagram.com/editora_alameda/

Esta obra foi impressa em São Paulo no outono de 2020. No texto foi utilizada a fonte Palatino Linotype em corpo 10,5 e entrelinha de 15,25 pontos.